LUST auf EIS?

Mehr als 80 neue Rezepte

Pippa Cuthbert · Lindsay Cameron Wilson

LUST auf EIS?

Mehr als 80 neue Rezepte

Mit und ohne Eismaschine

Weltbild

Widmung
Für Luke und Sophie

Titel der Originalausgabe *Ice Cream! Delicious ice creams for all occasions*
Zuerst veröffentlicht 2005 in Großbritannien von New Holland Publishers (UK) Ltd

Deutsche Erstausgabe

Koordination und Bearbeitung der deutschen Ausgabe: Neumann & Nürnberger, Naunhof
Übertragung ins Deutsche: Regina van Treeck, Naunhof
Redaktion der englischen Originalausgabe: Clare Hubbard, Anna Bennett
Layout: Paul Wright
Fotografie: Stuart West
Foodstyling: Pippa Cuthbert, Lindsay Cameron Wilson
Umschlaggestaltung: Atelier Lehmacher, Friedberg (Bay.)
Gesamtherstellung: Pica Digital Pte Ltd, Singapur
Printed in Singapore

ISBN 3-8289-1192-7
2010 2009 2008 2007 2006 2005
Die letzte Jahreszahl gibt die aktuelle Lizenzausgabe an.

Danksagung
Wir danken Camilla Schneideman von Divertimenti (www.divertimenti.co.uk) und Lindy Wiffen von Ceramica Blue (www.ceramicablue.co.uk) für ihre Freundschaft und die prächtigen Requisiten. Vielen Dank auch an unsere kritischen Verkoster, die unserem Buch ihre schlanke Taille opferten.

Anmerkung
Wegen der – wenn auch geringen – Salmonellengefahr sollte Kindern, kranken oder älteren Menschen sowie Schwangeren kein Speiseeis serviert werden, das rohe Eier enthält.

Inhalt

Einführung

Machen wir uns doch nichts vor. Wenn wir Freunde zum Essen einladen und bewirten, wollen wir doch vor allem etwas vorzeigen. Jeder braucht einen Clou, der auf der Party Stimmung erzeugt; ganz oben in der Liste der Knüller stehen selbst ausgedachte essbare Kreationen. Wonach wir streben, ist das überraschte und bewundernde Staunen, die Frage: „Hast *du* das gemacht?“, der schnelle Ruhm. Das liegt in der menschlichen Natur. Die Festattraktion meines Vaters ist Haggis – gefüllter Schafsmagen –; Pippa und ich bevorzugen Eiscreme. Wer, glauben Sie, heimst wohl mehr Lob ein?

Dieses Buch soll Speiseeis in seinen vielfältigen Arten zu jedermanns Party-Glanzstück machen. Eis ist eine einfache Leckerei, die einem das Herumwuseln in der Küche erspart, weil man sie schon vorher zubereiten kann, und die zudem auch immer Eindruck macht. Die meisten Menschen meinen, die Herstellung von Speiseeis zu Hause sei zu kompliziert, doch wir verraten Ihnen ein Geheimnis: Eiscreme ist einfach zu machen. Den Beweis finden Sie auf jeder Seite dieses Buches in unseren ausgiebig getesteten Rezepten. Ob Eiscreme, Sorbet, Parfait, Semifreddo oder Granita – wenn Sie die besten Zutaten verwenden, die Sie nur auftreiben können, und sich an unsere Richtlinien halten, wird alles gut gelingen.

Natürlich gibt es in dieser Welt immer Menschen, die das Einfache unbedingt kompliziert machen wollen. Der Brite Heston Blumenthal, Chef eines von Michelin mit drei Sternen ausgezeichneten Hauses und Feinstschmecker, neckt den Gaumen seiner Gäste mit Schinken-Ei-Eis in einem Gefäß mit flüssigem Stickstoff. Oder Hokkaido, ein japanischer Speiseeis-Hersteller, der in seinen Eiscremes die Essenz von Mais, Süßkartoffel oder Krabbe eingefangen hat. Keine Angst. Unsere neuen Geschmackskombinationen werden den Gaumen *kitzeln* und nicht erschrecken, und wir arbeiten nach herkömmlichen Methoden. Wir erkunden klassische Geschmacksrichtungen wie Vanille, Schokolade und frische Erdbeere. Für eher Abenteuerlustige gibt es Zimt-Mascarpone-Eis, Jogurteis mit Lavendel oder Parfait mit Zitrusmarmelade. Alte Favoriten werden mit neuen Finessen aufgepeppt, das Fruchtsorbet erreicht mit interessanten Geschmackskombinationen wie etwa Brombeere und Cabernet Sauvignon neue Höhepunkte.

Die Rezepte verlangen edle Zutaten – von sahnigen Bio-Milchprodukten und kräftiger dunkler Schokolade bis zu schönen reifen Früchten der Saison. Haben Sie alle Einkäufe beisammen, brauchen Sie nur noch einen Speiseeisbereiter oder einen elektrischen Rührbesen, Geduld und den unbändigen Wunsch berühmt zu werden.

Ort und Zeit für ein Eis finden sich immer im Leben, ganz gleich bei welcher Witterung, Temperatur, zu welcher Gelegenheit oder Jahreszeit. Die Rezepte in diesem Buch wurden für ganz unterschiedliche Momente geschaffen – von der Abendgesellschaft bis zum Kinderfest, zum Nachmittag im Garten oder zu einem verregneten Tag im weichen Federbett. Pippa und ich sind der Faszination der Eisbereitung erlegen, und das in London, einer Stadt, die eigentlich für regnerische Winter und nicht für lange, glühend heiße Sommertage bekannt ist. Vielleicht liegt es daran, dass ein köstliches Eis unabhängig vom Klima wohl tut, beeindruckt oder einfach ein kulinarisches Bedürfnis erfüllt. Schließlich haben die amerikanischen Eiskönige Ben und Jerry ihr Glück damit gemacht, dass sie in Burlington (US-Bundesstaat Vermont), einer Großstadt mit rauem Klima, Eiscreme verkauften. Sie vertraten die Ansicht, dass man bei Kälte etwas Kaltes zu sich nehmen möchte, um die Körpertemperatur der Außenwelt anzugleichen. Vielleicht haben sie Recht. Unabhängig von ihren Theorien gehören ihre Halbliterbecher mit Gefrorenem heute weltweit zum ständigen Vorrat in den Gefrierschränken. Doch ein Becher mit handelsüblicher Eiscreme, auch wenn der Inhalt noch so köstlich schmeckt, zieht als Partyknüller einfach nicht. Also ran an das wahre Eis. Entdecken Sie neue Zutaten und treten Sie ohne Furcht in die einfache und doch sensationelle Welt der Eisbereitung ein.

Die Chemie des Speiseeises

Soll Ihre Eiscreme gut gelingen, müssen Sie die Chemie der Eisbereitung verstehen und wissen, welche Rolle die einzelnen Zutaten spielen und weshalb sie wichtig sind. Ein wenig Kenntnis auf diesem Gebiet hilft Ihnen auch, die Rezepte spielerisch abzuwandeln und zu wissen, wie das Ergebnis aussehen und schmecken wird. Ob Sie nun ein kalorienreiches, sahniges Semifreddo oder ein gehaltvolles Gelato bevorzugen, das Resultat hängt stets von Ihnen ab. Mit der Zeit wird sich Ihr Eis-Repertoire erweitern, und Sie werden zu einem richtigen Eisexperten. Dabei werden Sie immer wieder Neues hinzulernen.

Wie wird Speiseeis hergestellt?

Speiseeis ist eine schaumige Masse, die durch das Gefrieren eines großen Teils der Flüssigkeit stabilisiert wird. Speiseeis in seinem gefrorenen Zustand besteht aus Flüssigkeiten, die gelöste Salze, Zucker, fein verteiltes Milcheiweiß und Milchfett enthalten. Zwei wichtige Aspekte des Gefriervorgangs, die sich auch auf die endgültige Textur des Eises auswirken, sind die Anzahl und die Größe der Eiskristalle sowie die Menge der während des Gefrierens eingearbeiteten Luft.

Milch und Sahne

Die in der Milch und in der Sahne enthaltenen Fettkügelchen geben dem Eis eine reiche, sahnige und geschmeidige Textur. Grundsätzlich gilt: Je größer der Fettgehalt der Milch, desto sahniger das Endprodukt. Damit dieses Endprodukt allerdings nicht zu dicht wird, muss ein Teil der Milchfette in homogenisiertem Zustand verwendet werden. Homogenisierte Fette sind in Milch, nicht in Sahne, enthalten. Die Eismasse nimmt Luft besser auf, wenn mehr homogenisierte Fette und Eiweiß vorhanden sind. So entsteht ein leichteres, weniger kalorienreiches Endprodukt.

Ein Speiseeis mit mehr Sahne und weniger Milch wird dichter und cremiger. Falls Sie nicht ein sehr dichtes Eis bevorzugen, schlagen wir vor, stets eine Mischung aus Milch und Sahne zu verwenden. Menge und Anteil hängen von Ihrem individuellen Geschmack ab.

Zucker und sonstige Süßungsmittel

In ein Speiseeis gehört unbedingt auch irgendeine Art Süßungsmittel, ganz gleich ob Zucker, Honig oder Ahornsirup (siehe Seite 15). Zucker oder andere Süßungsmittel setzen den Gefrierpunkt der Eismasse herab. In der Anfangsphase der Eisbereitung werden die Zucker beim Herstellen eines Sirups oder einer Eiercreme durch Schlagen oder Erwärmen aufgelöst. Der abgekühlte aufgelöste Zucker „stört" die Wassermoleküle, die sich zu einem Raumnetz verknüpfen müssen um Eiskristalle zu bilden, und senkt den Erstarrungspunkt der Lösung. Das Vorhandensein des Zuckers verhindert, dass die flüssige Vorstufe der Eiscreme vollständig gefriert. Wichtig ist auch zu wissen, dass die Süßkraft des Zuckers während des Gefrierprozesses ebenfalls herabgesetzt wird. Vielleicht kommt Ihnen Ihr Zuckersirup zu süß oder Ihre Eiercreme zu voll im Geschmack vor, doch Sie werden feststellen, dass sich die Süße verringert, wenn die Masse erst einmal gefroren ist.

Eier

Eier verbessern die Textur Ihrer Eiscreme, denn sie wirken als Emulgatoren, die die Milchfettkügelchen fein verteilen. Eier verbessern zudem die Schaumbildungsfähigkeit der Eismischung, denn sie sorgen dafür, dass mehr Luft in die Masse eingearbeitet wird. Diese beiden Faktoren lassen ein cremigeres, geschmackvolleres Endprodukt entstehen. Die meisten industriell produzierten Eiscremes enthalten kein Ei, da die Hersteller andere Emulgatoren verwenden.

Eiskristalle

Die Textur Ihrer Eiscreme wird von der Anzahl und Größe der Eiskristalle beeinflusst. Bei größeren Kristallen entsteht eine gröbere, bei kleineren eine angenehmere, cremige Textur. Die Größe der Eiskristalle hängt von der Geschwindigkeit ab, mit der die Eismischung gefriert. Ein rasch ablaufender Gefriervorgang sorgt dafür, dass kleine, gleichmäßig verteilte Kristalle entstehen, und verhindert, dass die Kristalle klumpen. Diesen raschen Erstarrungsprozess erzielt man am besten mit einem Speiseeisbereiter. Besitzen Sie kein solches Gerät, und können die Eismischung also nur im Tiefkühlschrank gefrieren lassen, müssen Sie die Masse während des Erstarrens häufig umrühren und so die entstehenden Eisklumpen auflösen, ehe sie festfrieren (siehe Seite 17, Gefrieren in ruhender Luft). Achten Sie darauf, dass die fertige Eiscreme richtig aufbewahrt wird (siehe Seite 21), denn Feuchtigkeit, die sich auf der Oberfläche des Eises absetzt, bildet große Eiskristalle.

Fein verteilte Luft

Die Luft, die während des Gefriervorgangs in die Eismasse eingearbeitet wird, ist jene unsichtbare, aber ganz wichtige Zutat, die verhindert, dass die Masse zu einem festen Block erstarrt. Beim Rührvorgang im Speiseeisbereiter wird in die Masse fein verteilte Luft eingeschlossen, die das Volumen der Eismasse vergrößert. Die meisten kommerziell verwendeten Eismaschinen pumpen am Ende des Gefrierprozesses große Mengen verdichtete Luft in die Eismasse. Der größte Teil der handelsüblichen Eiscremes enthält den zulässigen Höchstwert von 50 Prozent Luft. Hausgemachte Eiscremes weisen einen viel geringeren Luftgehalt und damit eine höhere Qualität auf.

Extras

Aromastoffe

Die Zugabe von Aromastoffen wie Vanille, Zimt oder Rosenwasser wirkt sich nur wenig auf die endgültige Textur der Eiscreme aus. Größeren Einfluss haben dagegen Zutaten wie Obst oder Schokolade. Am deutlichsten ist die Wirkung bei Zutaten mit einem hohen Feuchtigkeits- oder Wassergehalt; diese Ingredienzien sollten besser ersetzt werden. Obst enthält im Allgemeinen einen hohen Anteil an Wasser und natürlichen Zuckern. Dieses zusätzliche Wasser verdünnt die Eismischung und verändert die endgültige Textur der Masse. Bei der Zugabe von Obst muss daher zum Ausgleich die Menge der Fettkügelchen erhöht werden; die Mixtur sollte dann entsprechend mehr Sahne als Milch enthalten. Geben Sie eine Obstart mit hohem Zuckergehalt zu, verringert sich die Menge des zuzugebenden Zuckers. Bei Obst mit niedrigem Zuckergehalt, also beispielsweise bei Himbeeren, brauchen Sie entsprechend mehr Zucker für die Eismasse.

Alkohol

Alkohol setzt genau wie Zucker den Gefrierpunkt herab. Setzen Sie Ihrer Eismischung Alkohol zu, braucht die Masse stets länger um zu erstarren. Nehmen Sie zu viel Alkohol, gefriert die Eismischung überhaupt nicht. Verzichten Sie auf den zusätzlichen aromatisierenden Schuss, denn damit ernten Sie am Ende nur Misserfolg. Das ist das einzige Mal, da wir Ihnen empfehlen sich genau an die Rezeptur zu halten.
Sie brauchen für die Eismasse nur so viel Alkohol, damit man ihn am Ende gerade schmecken kann! Reicht Ihnen das nicht, schenken Sie sich dazu noch ein Glas ein.

Schokoladestücke, Plätzchen und Süßigkeiten

Geben Sie Ihrer Eismischung größere Stücke zu, tun Sie das immer erst gegen Ende des Gefriervorgangs, da die stückigen Zutaten sonst nach unten sinken. Damit der Speiseeisbereiter nicht blockiert wird, rühren Sie sie von Hand in die Mischung ein, wenn die Maschine ihre Rührtätigkeit unterbrochen hat. Bereiten Sie Ihre Eiscreme ohne Maschine, geben Sie die Stücke nach dem dritten oder vierten Umrühren zu.

Wichtige Zutaten

VANILLE

Vanillestange

Die Vanillestange, fälschlich auch Schote genannt, ist die Frucht eines kletternden Orchideengewächses, das in Mittelamerika beheimatet ist. Sie verleiht Ihrem Vanilleeis zweifellos den besten Vanillegeschmack. Eine Vanillestange guter Qualität sollte weich, von tiefbrauner Farbe sowie in Aroma und Geschmack warm und duftend sein. Auf Seite 18 finden Sie Tipps, wie man die winzigen Samen am besten aus der Vanillestange herausbekommt.

Vanilleextrakt

Für jemanden mit wenig Zeit und nicht gerade praller Brieftasche ist die nächstbeste Alternative zur Vanillestange der Vanilleextrakt – der reine, natürliche destillierte Extrakt aus der Vanillestange. Der Begriff „Extrakt" garantiert, dass das Produkt von der Vanillestange stammt. Verwenden Sie keine künstlichen Vanilleessenzen. Diese Essenzen findet man in den meisten billigen Eiscremes; sie hinterlassen einen anhaltenden künstlichen Nachgeschmack. Vanilleessenz wird häufig aus lediglich einem Bestandteil des Vanilleextrakts, dem Vanillin, hergestellt. Der Extrakt besteht aus Vanillin und weiteren Substanzen wie Harzen und Ölen.

Schauen Sie auf dem Etikett nach Begriffen wie „Extrakt", „rein" oder „natürlich" und kaufen Sie kein Produkt, das als „Essenz", „künstlich" oder „Ersatz" gekennzeichnet ist.

Reine Vanillepaste

Ein weiterer bequemer und guter Ersatz für Vanillestangen, der sich für jedes Rezept, vor allem für Eisrezepte, eignet, ist reine Vanillepaste. Diese Paste enthält noch Vanillesamen, die in den Speisen als winzige dunkle Sprenkel erscheinen.

1 EL reine Vanillepaste = 1 Vanillestange oder 1 EL Vanilleextrakt

SCHOKOLADE

Schokolade gehört zu den großartigsten Luxusgütern des Lebens, ein weiterer solcher Luxus ist Eiscreme. Verbinden Sie diese beiden miteinander und Sie haben das ultimative Dessert – Schokoeiscreme. Was das Speiseeis betrifft, ist Schokolade nach Vanille die beliebteste Geschmacksrichtung der Welt. Die Grundlage der Schokolade ist die Kakaobohne, die geröstet, gebrochen, dann geschält wird. Die Keimblätter werden mit Wasser zu Kakaopaste oder Kakaomasse vermahlen. Aus dieser Masse können Kakaobutter und Kakaopulver gewonnen werden. Der Gehalt an Kakaomasse oder Kakaobestandteilen in der Schokolade bestimmt deren Geschmack.

Bitter- und Halbbitterschokolade

Bitterschokolade ist nicht gesüßt und kann im Allgemeinen bis zu 95 Prozent Kakaobestandteile enthalten. Diese Schokolade schmeckt extrem bitter, hat eine glänzende, glatte Oberfläche und eine fast schwarzbraune Färbung. Sie schmilzt leicht und lässt sich sauber brechen. Halbbittere Schokolade enthält Zucker und in der Regel nur etwa 50 – 70 Prozent Kakaobestandteile.

Wir empfehlen Schokolade mit mindestens 60 Prozent Kakaobestandteilen zu verwenden.

Milchschokolade

Milchschokolade enthält neben Kakao, der etwa 10 – 13 Prozent ausmacht, auch Milchtrockenmasse und Zucker. Sie ist süßer und besitzt eine geschmeidigere Textur als bittere Schokolade, ihr Schokoladengeschmack ist weniger intensiv. Kinder bevorzugen vor allem bei Eiscreme oftmals diese weniger bittere Alternative.

Weiße Schokolade

Nach ihren Bestandteilen und der Herstellung beurteilt, ist weiße Schokolade überhaupt keine Schokolade. Sie enthält lediglich Kakaobutter, Milchtrockenmasse und Zucker, jedoch keinen Kakao. Da man dieses Produkt häufig mit Vanille aromatisiert, empfehlen wir Ihnen, auf dem Etikett nach Qualitätshinweisen wie „natürlich" oder „rein" zu suchen. Weiße Schokolade ist nicht ohne weiteres gegen andere Schokolade austauschbar. Sie muss vorsichtiger behandelt werden, da sie bei Kontakt mit Wasserdampf eindickt. Die eingedickte Schokolade kann nicht wieder geschmolzen werden. Falls Ihnen das einmal passiert, müssen Sie von vorn beginnen.

Kakaopulver

Kakaopulver ist ein Nebenprodukt der Schokoladenherstellung. Aus der Kakaomasse presst man einen Teil der Kakaobutter, und zermahlt den Rückstand, den so genannten Presskuchen, dann zu Kakaopulver. Das Pulver wird nicht gesüßt, sein Fettgehalt liegt zwischen 10 und 35 Prozent.

Reiner Schokoladenextrakt

Schokoladenextrakt ist eine fettarme Alternative zur Schokolade, die sich besonders zur Speiseeisbereitung eignet. Vergewissern Sie sich auf jeden Fall anhand des Verpackungsaufdrucks, ob es sich um ein natürliches, reines Erzeugnis handelt. Fehlt ein entsprechender Hinweis, verzichten Sie lieber darauf, denn dann ist es wahrscheinlich ein Ersatzprodukt.

EIER

Für unsere Rezepte haben wir ausnahmslos große Eier mit einem Gewicht von durchschnittlich 65 – 70 Gramm verwendet. Übrig gebliebene Eiweiße können eingefroren werden; vergessen Sie nicht, auf dem Gefriergefäß die Zahl der Eiweiße und das Datum des Einfrierens zu vermerken. Verbrauchen Sie die Eiweiße innerhalb von vier Monaten; lassen Sie sie über Nacht im Kühlschrank auftauen oder stellen Sie das Gefäß unter laufendes warmes Wasser. Verwenden Sie die Eiweiße sofort nach dem Auftauen, und zwar keinesfalls zur Bereitung von Eiscreme, sondern nur für Speisen, bei denen die Eiweiße gründlich gegart werden.

MILCH

Wenn nicht anders angegeben, haben wir in allen Rezepten Vollmilch von der Kuh mit einem Milchfettgehalt von 4 Prozent verwendet. Von ultrahocherhitzter oder H-Milch raten wir ab, da diese Produkte sich nachteilig auf den Geschmack und die Konsistenz Ihrer Eiscreme auswirken. Wir haben daneben weitere Milchprodukte wie Jogurt (siehe Seite 14), Sauerrahm, Crème fraîche und Sahnequark sowie andere Milcharten, beispielsweise Kondensmilch oder Sojamilch, verarbeitet.

SAHNE

Sahne ist der fettreiche Anteil der Milch, der durch Zentrifugieren gewonnen wird.

Der Einfachheit halber haben wir uns bemüht, immer ein und dieselbe Art Sahne zu verwenden. Das soll das Einkaufen erleichtern und Ihnen helfen, die Übersicht über den Inhalt Ihres Kühlschrankes zu behalten. Unser Standarderzeugnis ist hier Crème double mit 48 Prozent Fettgehalt.

Die heute handelsüblichen Arten von Sahne werden in der Regel unterteilt in:
Kaffeesahne mit ca. 20 Prozent Milchfett,
Schlagsahne mit ca. 36 – 40 Prozent Milchfett,
Crème double (extrafette Sahne) mit ca. 48 Prozent Milchfett.
Je höher der Fettgehalt, desto sämiger, sahniger und kräftiger ist der Geschmack, desto stabiler ist das Erzeugnis beim Kochen.

Wegen ihres höheren Fettgehalts haben wir Crème double in fast allen unseren Rezepten zusammen mit Milch verwendet. Die Milch verringert den Gesamtfettgehalt und liefert die wichtigen homogenisierten Fette.

JOGURT

Jogurt ist fermentierte, geronnene Milch. Er entsteht durch die Umwandlung von Milchzucker (Lactose) in Milchsäure. Sie werden feststellen, dass wir in allen Rezepten mit Jogurt griechischen Sahnejogurt verwendet haben, der einen Fettgehalt von ca. 10 Prozent besitzt. Nehmen Sie Jogurt mit geringerem Fettgehalt, besteht die Gefahr, dass er sich in der Eismischung separiert und eine Eisschicht bildet.

OBST

Das ist wahrscheinlich die erwähnenswerteste Gruppe, da sie die veränderlichsten und vielfältigsten Zutaten umfasst. Geschmack, Textur, Wassergehalt, Süße und Farbe können je nach Jahreszeit und nach der Frische der ausgewählten Früchte variieren.

Obst enthält ausnahmslos einen hohen Anteil Wasser und etwas Zucker, doch darüber hinaus ist jede Obstart anders. Der Zuckergehalt einer Banane beispielsweise ist viel größer als der einer Himbeere, und ein Apfel ist im Vergleich zu seiner Masse weniger wasserhaltig als eine Wassermelone. Die Zucker- und Wasserzugaben bei den einzelnen Rezepten sind so berechnet, dass sie den natürlichen Gehalt der Früchte berücksichtigen, doch dieser variiert je nach Saison. Es daher ratsam, stets Obst der jeweiligen Saison und von höchster Qualität zu verwenden, wenn Sie ein erstklassiges Endprodukt mit gutem Geschmack, ansprechender Farbe und Textur haben wollen. Wir bevorzugen Bio-Obst, wenn es erhältlich ist, da sein Geschmack oftmals intensiver und die Schale frei von Sprühmitteln und Pestiziden ist.

WASSER

Leitungswasser weist je nach Quelle und Behandlung unterschiedliche Zusammensetzungen auf. Mitunter enthält es große Mengen Kalzium- und Magnesiumionen, die das Wasser hart machen. Hartes Wasser kann die Farbe und die Textur mancher Speisen und Getränke beeinträchtigen. Deshalb empfehlen wir, stets gefiltertes Wasser oder stilles Mineralwasser aus Flaschen zu verwenden. Unsere Regel lautet: Wenn Sie das Wasser aus Ihrer Leitung nicht pur trinken, dann verwenden Sie es auch nicht zur Bereitung von Speiseeis.

Rosenwasser

Rosenwasser entsteht als Nebenprodukt bei der Destillation der Blütenblätter bestimmter Rosenarten zur Gewinnung von

Rosenöl. Es wird im Nahen Osten und in Indien häufig zum Aromatisieren süßer und auch würziger Speisen verwendet. Rosenwasser findet man in gut sortierten Supermärkten bei den Backzutaten.

Orangenblütenwasser

Orangenblütenwasser entsteht bei der Destillation von Orangenblüten. Es ist wie das Rosenwasser in guten Supermärkten in der Abteilung für Backzutaten zu finden.

ZUCKER UND SÜSSUNGSMITTEL

Streuzucker

Wenn nicht anders angegeben, wird in unseren Rezepten stets Streuzucker verwendet. Dank der kleineren Kristalle oder feineren Körner kann der Streuzucker mehr Luft aufnehmen als andere Zucker, und damit eignet er sich ausgezeichnet zur Herstellung von leichtem, cremigem Speiseeis. Die feineren Körner lösen sich auch rascher auf, was gerade bei der Herstellung von Sirup oder Eiercreme als Grundlage für Eis ideal ist.

Vanillezucker

Handelsüblicher Vanillezucker ist in der Regel ein mit Vanilleextrakt aromatisierter Streuzucker. Vanillezucker können Sie einfach und sicherlich viel preiswerter auch selbst herstellen. Stecken Sie eine Vanillestange in eine luftdicht schließende Büchse mit Streuzucker und lassen Sie das Aroma mindestens eine Woche lang einziehen. Danach haben Sie einen wunderbar duftenden Vanillezucker.

Brauner Zucker

Wird ein kräftigerer Geschmack gewünscht, verwenden wir eine Reihe brauner Zuckersorten – Farinzucker (hell oder dunkel), Demererazucker (grobkristallin) oder Muskovade (hell oder dunkel). Brauner Zucker ist nichts weiter als mit Melasse versetzter Weißzucker.

Puderzucker

Puderzucker ist ein puderartiger, strahlend weißer Zucker, der sich beim Vermischen mit einer Flüssigkeit sofort auflöst.

Goldgelber Flüssigzucker

Dieser Flüssigzucker mit seiner honigähnlichen Textur entsteht als Nebenprodukt beim Raffinieren von Zucker. Er verleiht Speiseeis einen unverwechselbaren Geschmack und Farbton.

Ahornsirup

Kaufen Sie nur Ahornsirup, auf dessen Etikett ein Ahornblatt abgebildet ist, denn das garantiert die Echtheit und Herkunft des Produkts. Nehmen Sie nach Möglichkeit keine Erzeugnisse, deren Etikett besagt, dass sie „Ahornaroma" haben. Ahornsirup ist der eingedickte Saft des Zuckerahornbaumes, der in Kanada und Amerika beheimatet ist. Er gibt Speisen und Getränken Süße und einen charakteristischen Geschmack.

Honig

Geschmack und Aroma des Honigs hängen davon ab, von welchen Blüten der Nektar gesammelt wurde. Honig von nur einer Blütenart ist üblicherweise der Beste. Die allgemeine Regel lautet, dass der Geschmack umso kräftiger ist, je dunkler der Honig aussieht. Wählen Sie also einen Honig danach aus, wie stark sein Geschmack hervortreten soll.

Praktische Tipps

Die Ausrüstung

Folgende Ausrüstung erleichtert die Bereitung von Speiseeis sehr:

- Speiseeisbereiter mit mindestens 1,5 Liter Fassungsvermögen
- Töpfe mit schwerem Boden
- Wasserbadtopf oder Schüssel aus rostfreiem Stahl, die auf einen Topf passt
- Küchenwaage und Messbecher
- Zuckerthermometer
- metallenes Passiersieb und Musselin
- Mixer oder Pürierstab
- Reibe oder Raspel
- Verschiedene Rührbesen und Holzlöffel
- Fettdichtes Papier, Backpapier, extradünne Haushaltfolie oder Alufolie
- Mehrere Tiefkühlbehälter
- Verschiedene Eisportionierer
- Gießformen für Eislutscher

Speiseeisbereiter

Zur Herstellung von köstlicher Eiscreme brauchen Sie nicht unbedingt einen Speiseeisbereiter, doch wie bei so vielen Dingen machen technische Geräte die Arbeit auch hier viel einfacher. Im Handel gibt es drei Grundtypen von Speiseeisbereitern, die sich in Funktion, Form und Preis unterscheiden.

Sind Sie auf ein wenig Nostalgie und einen größeren Bizeps aus, dann ist eine altmodische, von Hand betriebene Maschine das Richtige für Sie. Eiscreme, gefrorener Jogurt und Sorbets entstehen, während Sie dasitzen, die Masse rühren und in Erinnerungen schwelgen. Für diese gemütliche Art der Speiseeisbereitung stehen zwei Behälter zur Verfügung; der innere ist der

Speiseeisbehälter, in dem äußeren befinden sich Eis und Salz (Salz senkt die Temperatur der Eismasse). Der Vorteil? Wenn Sie Ihre Eiscreme selbst rühren, bestimmen Sie ganz und gar über die Qualität des Endprodukts.

Am anderen Ende des Spektrums stehen kleinere Versionen der Profi-Eismaschinen mit einer Kühleinheit und einem starken Motor. Schalten Sie die Maschine einfach ein, warten Sie einige Minuten, füllen Sie die Eismischung ein, und in weniger als einer Stunde ist Ihre Kreation fertig. Die Vorzüge? Man kann ganz spontan fantastische Eiscreme bereiten und braucht dazu nicht einmal eine Stunde. Der Schwachpunkt? Die Maschine ist so kostspielig wie groß. Mikrowelle oder Eismaschine – ich fürchte, eine von beiden muss weichen, denn für beide ist kaum Platz.

Die neueste und erschwinglichste Variante ist ein elektrischer Speiseeisbereiter mit einem Behälter, der vorgekühlt werden muss. An diesem Typ wurden sämtliche Rezepte in diesem Buch ausprobiert. Nehmen Sie den Eisbehälter aus dem Gefrierschrank, setzen Sie ihn auf den Motorblock, gießen Sie Ihre Eismischung durch den oben befindlichen Einfüllschacht zu, und Ihre Eiscreme, Ihr Sorbet oder Ihr gefrorener Jogurt ist in rund 20 Minuten fertig. Die Vorzüge? Die Maschine ist kompakt, schnell und bezahlbar. Der Schwachpunkt? Der Eisbehälter muss vorgekühlt werden, was die Erfüllung spontaner Eiswünsche erschwert. Aber wenn Sie in Ihrem Gefrierschrank genügend Platz haben, lassen Sie den Behälter einfach darin stehen. So sind Sie für jene bewussten Augenblicke übermächtigen Eisappetits gerüstet.

Gefrieren in ruhender Luft

Besitzen Sie keinen Speiseeisbereiter, können Sie dennoch jede Eissorte aus diesem Buch herstellen, und zwar nach der Methode des Gefrierens in ruhender Luft. Damit es gelingt, müssen Sie Ihren Gefrierschrank auf –18 °C oder, wenn das Gerät entsprechend ausgerüstet ist, auf die Schnellstufe einstellen. Haben Sie Ihre Eismischung fertig, füllen Sie sie in einen geeigneten Gefrierbehälter um, decken sie zu und stellen das Gefäß in den kältesten Teil des Gefrierschrankes. Lassen Sie die Mischung eine bis anderthalb Stunden oder so lange dort stehen, bis die Seiten und der Boden gerade gefroren sind und die Mitte noch weich wie Schneematsch ist. Nehmen Sie den Behälter aus dem Gefrierschrank und schlagen Sie die Masse mit dem elektrischen Handmixer oder in der Küchenmaschine, bis die Eiskristalle einheitlich aussehen. Arbeiten Sie rasch, damit die Kristalle nicht schmelzen. Decken Sie die Mischung wieder zu und stellen Sie sie sofort wieder in den Gefrierschrank. Wiederholen Sie den Vorgang noch zweimal im Abstand von jeweils einer bis anderthalb Stunden. Geben Sie der Eismasse große Stücke wie beispielsweise Schokoladen- oder Keksstücke oder Süßigkeiten zu, tun Sie das nach dem dritten oder vierten Schlagen. Lassen Sie die Masse nach dem letzten Schlagen mindestens zwei Stunden lang, besser noch über Nacht gefrieren, ehe Sie die fertige Eiscreme servieren.

Semifreddo braucht während des Gefrierens in ruhender Luft nicht geschlagen zu werden. Decken Sie die Oberfläche einfach ab und lassen Sie die Masse mindestens sechs Stunden lang gefrieren.

Arbeitstechniken

Eiweiß schlagen …

Achten Sie darauf, dass Schüssel und Schneebesen makellos sauber und trocken sind, ehe Sie die Eier trennen; schon eine kleine Spur Fett kann dafür sorgen, dass aus dem Eiweiß kein richtiger Eischnee wird. Damit jeglicher Fettrückstand beseitigt wird, reiben Sie die Schüssel kurz mit einer halben Zitrone aus. Trennen Sie Eigelb und Eiweiß sorgfältig voneinander, denn auch Dotterreste können Ihr Bemühen um schönen festen Eischnee vereiteln. Die Eier müssen Zimmertemperatur haben.

Zimmerwarmes Eiweiß verschlägt sich rascher und ergibt ein größeres Volumen als Eiklar mit Kühlschranktemperatur. Schlagen Sie das Eiweiß nicht zu stark oder zu lange, denn dann wird es trocken und lässt sich nicht gut unter die übrigen Zutaten mischen oder unterziehen. Für unsere Rezepte wird gelegentlich nur leicht geschlagenes Eiweiß benötigt. Schlagen Sie dazu die Eiweiße nur einige Male mit einer Gabel durch, sodass sie nicht schaumig werden, sondern eine etwas gießfähigere Konsistenz bekommen. Eischnee mit weichen Spitzen heißt, dass der zu einer Spitze ausgezogene Schaum in sich zusammenfällt, wenn man den Schneebesen herausnimmt. Steife Spitzen behalten ihre Form, wenn Sie den Schneebesen herausziehen.

Zutaten unterziehen …

Verwenden Sie zum Unterziehen von Zutaten stets einen großen sauberen Metalllöffel. Ziehen Sie den Löffel behutsam von der Rückseite der Rührschüssel durch die Mitte der Zutaten nach vorn, als ob Sie das Ganze durchschneiden wollten. Wiederholen Sie die Bewegung mehrmals, bis die Zutaten geradeso vermischt sind. Der Zweck des Unterziehens besteht darin, so viel Luft wie möglich in der Mischung zu lassen; schlagen Sie die Masse, werden die Luftblasen zerstört, die Masse fällt zusammen und Ihr Eis wird weniger cremig.

Eine Vanillestange auskratzen …

Schneiden Sie die Vanillestange mit einem kleinen scharfen Messer längs auf. Legen Sie eine Hälfte mit der Schnittfläche nach oben auf eine flache Unterlage. Ziehen Sie den Messerrücken von dem zu Ihnen zeigenden Ende der Vanillestange mit so viel Druck zum anderen Ende, dass dabei alle Samenkörnchen mitgenommen werden. Wiederholen Sie den Arbeitsgang mit der anderen Hälfte. Die Samen bilden zunächst einen Klumpen, doch in Ihrer Zutatenmischung verteilen Sie sich gleichmäßig und sind dann in der fertigen Eiscreme als kleine Sprenkel zu sehen.

Sahne schlagen …

Achten Sie darauf, dass die Sahne vor dem Schlagen gut gekühlt wird und dass auch Sahneschläger und Sahneschüssel kalt sind (und nicht direkt aus dem Geschirrspülautomaten kommen). Das ist besonders wichtig im Sommer, wenn es draußen warm ist. Beim Schlagen erwärmt sich die Sahne; je kühler sie also zu Beginn ist, desto länger muss Luft untergearbeitet werden. Der Schlagvorgang bringt Luftbläschen in die Flüssigkeit, die Bläschen werden dann von den in der Flüssigkeit enthaltenen Eiweißstoffen stabilisiert und durch die vorhandenen Fettkügelchen zusätzlich verstärkt. Sahne kann zu unterschiedlich fester Konsistenz geschlagen werden; in unseren Rezepten wird am häufigsten eine Konsistenz mit weichen oder mit festen Spitzen verlangt. Charakteristisch für weiche Spitzen ist, dass die zu einer Spitze ausgezogene Sahne zusammenfällt, sobald Sie den Sahneschläger herausnehmen. Steife Spitzen behalten ihre Form.

Eine dünne Eiercreme herstellen …

In vielen unserer Rezepte ist angegeben, dass die Mischung in einer hitzebeständigen, auf einem Topf mit köchelndem Wasser stehenden Schüssel geschlagen werden soll. Ideal dafür ist eine mittelgroße hitzebeständige Schüssel mit niedrigem rundem Rand, in die Sie noch hineinreichen, wenn sie auf einem Topf steht, deren Boden richtig in die Topföffnung passt und sicher darin sitzt. Das Wasser im Topf darf nur leise köcheln, das heißt, es muss auf einer konstanten Temperatur knapp unterhalb des Siedepunkts gehalten werden. Wichtig ist, dass das Wasser nicht den Schüsselboden berührt. Die Mischung in der Schüssel muss stets gleichmäßig geschlagen oder gerührt werden; bewegen Sie den Schneebesen oder den Löffel gleichmäßig durch die ganze Schüssel und nehmen Sie dabei sämtliche Zutaten mit. Beim Bereiten einer Eiercreme als Basis für Ihre Eiscreme muss die Mischung erwärmt werden, bis sie so dickflüssig ist, dass sie an der Rückseite eines Holzlöffels haftet. Das heißt, dass Ihre Mischung so cremig, glatt und gerade dick genug sein soll, dass sie auf der Rückseite eines Löffels einen viskosen Überzug bildet, wenn der Löffel aus der Mischung herausgezogen wird. Erwärmen Sie die Mischung nicht zu stark, damit die Eiercreme sich nicht separiert. Sollte das doch einmal passieren, können Sie die Sache retten, indem Sie die Schüssel in ein Gefäß mit Eiswürfeln stellen und die Creme kräftig durchschlagen.

Schokolade schmelzen …

Das Schmelzen von Schokolade gelingt am besten in einer hitzebeständigen Schüssel, die auf einem Topf mit köchelndem Wasser steht. Achten Sie darauf, dass der Schüsselboden richtig in den Topf passt, sicher sitzt und nicht im Wasser steht. Legen Sie die in Stücke gebrochene Schokolade in die Schüssel und lassen Sie sie unter ständigem Rühren in 4 – 6 Minuten schmelzen. Zum Schokoladeschmelzen eignet sich auch der Mikrowellenherd. Stellen Sie die Schokolade dazu eine Minute lang bei mittlerer Stufe in den Herd und rühren Sie die Masse dann um. Wiederholen Sie den Arbeitsgang, bis die Schokolade vollständig geschmolzen ist.

Erwärmen Sie die Schokolade nicht zu stark und lassen Sie weder Wasser noch Wasserdampf in Kontakt mit der Masse kommen, da die Schokolade sonst eindickt. Da das Eindicken nicht rückgängig zu machen ist, müssen Sie, falls das einmal passiert, von vorn anfangen.

Zeste abschälen …

Achten Sie beim Schälen von Zitrusfrüchten darauf, dass Sie nur die äußere Zeste (Schale) und nicht zu viel von der darunter liegenden bitteren weißen Schale abnehmen. Die Zestestreifen sind ideal zum Aromatisieren von Sirupen und Sorbets. Als Alternative können Sie die Schale mit einer feinen Reibe dünn und nicht weiter, als bis das Weiße gerade sichtbar wird, abraspeln.

Nüsse rösten …

Verteilen Sie die Nüsse in einer Schicht gleichmäßig auf einem flachen Backblech. Rösten Sie die Nüsse dann in dem auf 180 °C vorgeheizten Herd 10 – 12 Minuten oder so lange, bis sie goldbraun sind. Gehackte Nüsse werden rascher, je nach Größe schon nach 5 – 6 Minuten, braun.

Kondensmilch karamellisieren …

Gehen Sie beim Karamellisieren von Kondensmilch sehr vorsichtig zu Werke und lassen Sie keine Kinder an diese Sache heran. Stellen Sie die Milchbüchse in einen großen Topf mit fast siedendem Wasser, das bis knapp unter den oberen Büchsenrand reicht. (Füllen Sie verdunstetes Wasser immer wieder bis zu dieser Höhe nach.) Lassen Sie das Wasser zwei Stunden lang ganz sacht köcheln, nehmen Sie danach die Büchse heraus. Lassen Sie die inzwischen karamellisierte Milch vor dem Öffnen der Büchse abkühlen.

Blütenblätter kandieren …

Nehmen Sie die (essbaren) Blüten oder Blütenblätter Ihrer Lieblingsblumen (z. B. Rosen, Veilchen oder Geranien) und entfernen Sie davon alle sichtbaren Verschmutzungen. Die zum Kandieren vorgesehenen Blüten oder Blütenblätter dürfen nicht feucht sein. Schlagen Sie in einer kleinen Schüssel ein großes Eiweiß (Zimmertemperatur) und einige Tropfen Wasser mit einer Gabel leicht durch. Füllen Sie eine flache Schüssel mit 200 Gramm Streuzucker und legen Sie sich ein feines Sieb bereit. Nehmen Sie eine Blüte oder ein Blütenblatt in die eine und einen kleinen sauberen Pinsel (der nur für Lebensmittel verwendet wird) in die andere Hand und bestreichen Sie die Blüte bzw. das Blütenblatt vorsichtig mit dem Eiweiß. Sieben Sie einen feinen, gleichmäßigen Zuckerüberzug auf beide Seiten. Legen Sie die Blüte zum Trocknen auf ein Stück Backpapier. Die Blüten können an einer relativ trockenen Stelle 12 – 36 Stunden zum Trocknen liegen bleiben. Zum Trocknen im Herd stellen Sie den Herd auf 110 °C ein und lassen die gezuckerten Blüten 3 – 4 Stunden lang bei spaltbreit geöffneter Herdklappe trocknen. Kandierte Blüten oder Blütenblätter halten sich in einem luftdicht schließenden Behälter bis zu einem Jahr lang.

Kokosraspel rösten …

Verteilen Sie die Kokosraspel in einer dünnen Schicht auf einem Backblech. Heizen Sie den Herd auf 160 °C vor und rösten Sie die Kokosraspel darin unter gelegentlichem Rühren 10 – 15 Minuten oder so lange, bis die Raspel goldbraun sind. Oder schütten Sie die Kokosraspel in ein flaches mikrowellengeeignetes Gefäß, rösten Sie sie auf hoher Stufe eine Minute lang und rühren Sie sie danach um. Wiederholen Sie den Arbeitsgang, bis die Raspel eine goldbraune Farbe haben.

Zuckersirup herstellen …

Geben Sie Streuzucker und Wasser zu gleichen Teilen in einen Topf mit schwerem Boden. Lassen Sie den Topf auf kleiner Flamme stehen, bis der Zucker sich aufgelöst hat, ohne dass die Mischung kocht. Verstärken Sie die Wärmezufuhr und bringen Sie die Flüssigkeit zum Kochen. Lassen Sie den Sirup weitere fünf Minuten kochen. Nehmen Sie den Topf vom Herd und lassen Sie den Sirup völlig auskühlen, ehe Sie ihn weiterverwenden.

Einen Topf nach dem Herstellen von Karamell säubern …

Ihr Topf wird nach der Bereitung von Karamell auf folgende Weise wieder richtig sauber: Füllen Sie das klebrige Gefäß gleich anschließend mit Wasser, geben Sie einen Spritzer Essig oder Zitronensaft dazu und stellen Sie den Topf wieder auf den Herd. Lassen Sie das Wasser sacht köcheln, bis der Zucker aufgelöst ist. Der Rest lässt sich dann leicht abwaschen.

Eiscreme richtig aufbewahren …

Decken Sie Ihre Eiscreme stets direkt mit Backpapier oder Folie ab. Das verhindert, dass an der Oberfläche große Eiskristalle entstehen und dass das Eis Gerüche von den anderen Lebensmitteln im Gefrierschrank annimmt. Wir empfehlen, Eiscreme innerhalb von zwei bis drei Wochen nach der Bereitung zu verbrauchen, denn hausgemachtes Speiseeis enthält im Unterschied zu handelsüblichem Eis keine Konservierungsstoffe.

Eiscreme portionieren …

Eiscreme lässt sich auf vielerlei Art portionieren, ganz gleich ob Sie die Locken-, die Kugel- oder die Knödelform bevorzugen. Tauchen Sie den Portionierer stets in ein Gefäß mit heißem Wasser, ehe Sie damit eine neue Portion aufnehmen, denn sonst bleibt das Eis daran kleben. Wichtig ist auch, die Textur der Eiscreme so zu halten, dass die Masse wirklich portioniert werden kann. Braucht das Eis etwas Zeit um weich zu werden, haben wir im Rezept angegeben, wann es aus dem Froster zu nehmen ist.

- Eiscreme in Lockenform bekommen Sie, wenn Sie einen klassischen ovalen Portionierer mit schnabelförmiger Spitze auf der Eiscreme entlangziehen.
- Eine perfekte Kugelform, die ideal für Eisbecher, Sodas und Eistüten ist, erzielen Sie mit einem gerundeten mechanischen Portionierer.
- Mit zwei Esslöffeln gelingt Ihnen eine Quenelle, die auch der Eiskonditor nicht besser hinbekommt. Drehen Sie die Eiscremeportion mehrmals zwischen beiden Löffeln, bis sie die Form eines Ovals hat.

In den Rezepten verwendete Abkürzungen:

EL = Esslöffel
TL = Teelöffel
l = Liter

Die verschiedenen Speiseeisarten

Nehmen Sie zwei Teile Wasserstoff und einen Teil Sauerstoff. Setzen Sie beides einer Temperatur unterhalb von 0 °C aus und schon haben Sie – Eis. Nach dieser Rezeptur stellt die Natur seit dem allerersten Frost auf der Erde Eis her. Wie aber hat das Eis den Sprung in die gastronomische Welt der gefrorenen Desserts geschafft?

Nun, das Ganze begann in den kalten Gegenden des alten China, wo man die Lebensmittel in der Regel draußen im Schnee einfror. Diese Methode der Aufbewahrung gaben die Chinesen an die Araber weiter. In Arabien wiederum stellte man *sharbahs*, ein Getränk aus gesüßtem Obstsaft oder Sirup mit Blütenaroma her, das auf Eis oder Schnee gegossen wurde. Von den Türken gelangte gesüßtes Eis nach Italien, und die Italiener verbreiteten die Köstlichkeit dann im übrigen Europa. Heute gibt es in der Welt ungezählte Arten von Speiseeis, von denen manche aus Fruchtsirupen, andere unter Zugabe von Sahne, Schokolade, Nüssen oder Kräutern bereitet werden. Ihre Namen variieren und reichen von Sorbet bis Granita, von Parfait bis Cremeeis, doch in einem sind sie sich immer gleich: Ohne Eis gäbe es sie nicht. Um die Sache sprachlich zu erleichtern, bezeichnen wir die verschiedenen Arten von Eiscremes und Sorbets in diesem Buch durchweg als „Eis“.

Eiscreme

Eiscreme ist wohl die berühmteste Speise, die mit Milchprodukten bereitet wird. Man nimmt an, dass die erste Eiscreme im 17. Jahrhundert in Italien und dann in Frankreich hergestellt wurde, als man dem *sorbetto* oder Sorbet Sahne zugab. Am Ende des 18. Jahrhunderts tauchten Rezepte für Eiscreme in englischsprachigen Kochbüchern auf. Der Eisgeschmack der Briten wurde von den Amerikanern geteilt, die diese süße Speise übernahmen. Heute ist Eiscreme weltweit das bekannteste und beliebteste Dessert.

Eiscreme lässt sich ganz allgemein in zwei Kategorien unterteilen, und zwar in Eiscremes, die mit einer gekochten, hier als Eiercreme bezeichneten Eiergrundmasse bereitet, und in Eiscremes, die nur mit gesüßter Sahne hergestellt werden. Die europäischen Eiscremes gehören gewöhnlich zur erstgenannten, Eiscreme nach amerikanischer Art zur letztgenannten Kategorie. Bei beiden Herstellungsmethoden werden eine aromatisierende Zutat wie Vanille oder Schokolade und während des Gefriervorgangs oder vorher oftmals auch noch andere Ingredienzien wie etwa Schokoladenstücke, Obst oder Nüsse zugegeben.

Sorbet

Die Bezeichnung „Sorbet“ oder „Scherbett“ ist wahrscheinlich von dem arabischen Wort *sharbah* abgeleitet. Es bezeichnet einen gesüßten Obstsaft oder einen mit Blüten aromatisierten Sirup, den man auf Eis oder Schnee goss. *Sharbah* hat sich inzwischen zu einem Eisdessert auf Fruchtbasis (Sorbet) entwickelt. Sorbet wird im Speiseeisbereiter aus gesüßten Fruchtsäften hergestellt. Die Rührbewegung verhindert, dass die Eiskristalle zu groß werden und lässt stattdessen sehr kleine Kristalle entstehen. Sorbets lassen sich auch ohne Eismaschine herstellen; in diesem Fall muss man die Flüssigkeit während des Gefriervorgangs ständig rühren.

Mit „Scherbett" ist im Allgemeinen ein Sorbet gemeint, das zusätzlich Milch oder Sahne enthält.

Frucht-Granita

Eine Frucht-Granita ist eine Art Sorbet, besitzt aber eine klumpigere, gröbere Textur als dieses. Die Granita-Mischung wird nicht in der Eismaschine gerührt, sondern von Hand zerkleinert. Bei dieser Methode entstehen natürlich größere, stärker strukturierte Kristalle. Zerkleinert wird die Masse mit einem Teigschaber aus rostfreiem Stahl, mit einem Metallspatel, mit zwei Messern oder notfalls mit einer Gabel. Granita verbraucht man am besten innerhalb von zwei Tagen nach der Herstellung.

Semifreddo

Semifreddo bedeutet im Italienischen „halb kalt". Kulinarisch gesehen, bezeichnet dieses Wort jede teilweise gefrorene Süßspeise von Kuchen bis Eiscreme, Obst oder Eiercreme.

Gefrorener Jogurt

Verschiedene Rezepte in diesem Buch verlangen das Molkereiprodukt Jogurt als Hauptzutat. Jogurt verringert den Fettgehalt, sein leicht saurer Geschmack gleicht sich mit anderen süßen Zutaten aus.

Tortoni

Tortoni ist ein gehaltvolles Dessert, das traditionell aus gefrorener, mit Spirituosen aromatisierter und mit gehackten Nüssen oder Keksbröseln bestreuter Sahne besteht. Wir haben uns eine kulinarische Freiheit erlaubt und unserer Version geschlagenes Eiweiß, geröstete Kokosraspel und gehackte Schokolade zugegeben.

Parfait

Parfait ist das französische Wort für „vollkommen" – wie lässt sich eine Eiscreme, deren einzelne Schichten von aromatisiertem Sirup getrennt sind, die von Schlagsahne, Nüssen und einer Kirsche gekrönt ist und in einem speziellen hohen, schmalen Parfait-Glas serviert wird, wohl besser beschreiben? In Frankreich stellt man Parfait aus einer Kombination von Eiercreme, aromatisiertem, mit Eigelb oder einem Obstpüree vermischten Sirup und Schlagsahne her. Traditionell wird die Mischung dann in einer zylindrischen Parfaitform gefroren. Brechen Sie ruhig mit dieser Tradition, denn auch jede andere Form, die Sie zur Hand haben, ist für diesen Zweck *parfait*.

Kulfi

Kulfi ist die traditionelle Eiscreme Indiens. Man bringt dafür Milch zum Kochen, lässt sie einkochen und gibt dann aromatisierende Zutaten wie Pistazien oder Rosenwasser zu. Kulfi ist härter als die meisten westlichen Eiscremes und wird für gewöhnlich in Kegelform gefroren.

„Muttereissorten“ –

In einer klassischen französischen Küche hat man jederzeit bestimmte Grundsaucen zur Hand. Diese Saucen werden „Muttersaucen“ genannt, denn aus ihnen entstehen ungezählte weitere Saucen, die der französischen Kochkunst ihren unverwechselbaren Charakter geben. An einem Saucen-Stammbaum wären die „Muttersaucen“ der Stamm und ihre vielen Abkömmlinge die Äste und Zweige.

Jeder versierte Eisgourmet wird Ihnen sagen, dass es auch „Muttereissorten“ gibt. Sie bilden das Fundament der Welt des Speiseeises; obgleich sie selbst schon köstlich schmecken, liefern Sie nur die Grundlage für viele weitere Arten von Speiseeis und auf Eiscreme basierenden Desserts. Und so kommt das Erdbeereis vom Vanilleeis, der Affocato vom Kaffee-Eis, Schokoladen-Haselnuss-Marmoreis vom Dunklen Schokoladeneis. Und der beste Eissprössling von allen? Der Eisbecher, eine Mischung aus allen oder beliebigen „Muttereissorten“, die in warmer Karamellsauce gebadet, in Schlagsahne gehüllt und von einer Kirsche gekrönt sind.

Verschneiden Sie Ihren Eis-Stammbaum niemals, sondern experimentieren Sie mit Zutaten und Gewürzkombinationen, damit der Baum nie aufhört zu blühen und zu wachsen.

das Fundament der Eiswelt

Vanilleeis

Sahnig

Sehr gut!

Das beliebteste Eis der Welt! Oberstes Gebot ist, dass Sie nur reine, natürliche Zutaten verwenden, denn ein künstliches Vanillearoma wird Sie nur enttäuschen.

Ergibt 800 ml

300 ml **Vollmilch**
1 **Vanillestange**
4 **große Eidotter**
100 g **~~Vanille~~zucker**
300 ml **Crème double**
Vanillearoma (flüssig)
oder 4 EL Rum

Die Milch und die längs halbierte Vanillestange in einem mittelgroßen Topf langsam bis knapp unter den Siedepunkt erhitzen. Den Topf vom Herd nehmen und die Vanilleschote noch etwa 15 Minuten lang in der Milch ziehen lassen.

In einer hitzebeständigen Schüssel die Eidotter und den Zucker mit dem elektrischen Handmixer zu einer sämigen, blassgelben Masse verschlagen. Die Vanillestange aus der Milch nehmen, die Samenkörnchen auskratzen und die Milch nach und nach unter die Eigelbmasse schlagen.

Die Schüssel auf einen Topf mit leise köchelndem Wasser stellen und die Mischung ständig rühren, bis sie so dickflüssig ist, dass sie auf dem Rücken eines Holzlöffels haftet. Die Schüssel vom Topf nehmen und die Masse mit Folie oder fettdichtem Papier abdecken, damit keine Haut entsteht. Die Eiercreme vollständig erkalten lassen.

In die ausgekühlte Eiercreme die Sahne einrühren, die Mischung in den Speiseeisbereiter füllen und entsprechend der Anleitung des Herstellers zu Eiscreme rühren lassen. Die fertige Eiscreme sofort servieren oder in einen Gefrierbehälter umfüllen, die Oberfläche mit fettdichtem Papier oder Folie bedecken und das Eis in den Gefrierschrank stellen.

Vanilleeis

Erdbeereis

Erdbeereis

Duftend

Sehr gut!

Erdbeere steht, was die Beliebtheit bei den Eissorten betrifft, nach Vanille und Schoko weltweit an dritter Stelle. Diese Eiscreme wird Sie begeistern, denn sie hat im Unterschied zu den künstlich aromatisierten Eiscremes, die man üblicherweise im Supermarkt findet, einen vollen, fruchtigen Geschmack.

Ergibt 800 ml

350 g **Erdbeeren, geputzt**
300 ml **Vollmilch**
4 **große Eidotter**
150 g **Streuzucker**
150 g **Crème double**

Die Erdbeeren in der Küchenmaschine oder mit dem Pürierstab pürieren. Zum Entfernen der winzigen Samennüsschen das Erdbeermus durch ein feines Sieb oder ein Musselintuch streichen. Die Samen wegwerfen und das Püree in den Kühlschrank stellen.

Die Milch in einem mittelgroßen Topf bis knapp unter den Siedepunkt erhitzen. Unterdessen in einer hitzebeständigen Schüssel die Eidotter und den Zucker mit dem elektrischen Handmixer zu einer sämigen, hellen Masse schlagen. Die Schüssel auf einen Topf mit leise köchelndem Wasser setzen und in die Eigelb-Zucker-Mischung die warme Milch einrühren. Gelegentlich umrühren, bis die Masse so dickflüssig ist, dass sie auf dem Rücken eines Holzlöffels haftet. Die Schüssel vom Topf nehmen, zudecken und die Masse vollständig erkalten lassen.

Zu der erkalteten Eiercreme die Sahne und das Erdbeerpüree geben. Die Mischung in die Eismaschine gießen und entsprechend der Anleitung des Herstellers zu Eiscreme rühren lassen. Die fertige Eiscreme sofort servieren oder in einen Gefrierbehälter umfüllen, die Oberfläche mit fettdichtem Papier oder mit Folie bedecken und das Eis in den Gefrierschrank stellen.

Milchschokoladeneis

Mild

Sehr gut!

Es gibt in dieser Welt zwei Arten von Schokoladenliebhabern – jene, die Milchschokolade mögen und jene, die Bitterschokolade bevorzugen.

Ergibt 600 ml

250 ml **Vollmilch**
2 **große Eidotter**
50 g **Streuzucker**
100 g **gute Milchschokolade,** in Stücke gebrochen
50 g **Bitterschokolade (70 % Kakaobestandteile),** in Stücke gebrochen
150 ml **Crème double**

Die Milch in einem mittelgroßen Topf langsam bis knapp unter den Siedepunkt erhitzen. In einer hitzebeständigen Schüssel die Eidotter und den Zucker mit dem elektrischen Handmixer zu einer sämigen, blassgelben Masse schlagen. Nach und nach die Milch unter die Eigelb-Zucker-Mischung schlagen.

Die Schüssel auf einen Topf mit leise köchelndem Wasser setzen und die Mischung rühren, bis sie so dickflüssig ist, dass sie auf dem Rücken eines Holzlöffels haftet. Die Schüssel vom Topf nehmen, die Schokostücke zugeben und das Ganze so lange rühren, bis die Stücke geschmolzen sind und die Masse cremig und glatt ist. Die Oberfläche mit Folie oder fettdichtem Papier abdecken, damit keine Haut entsteht. Die Eiercreme vollständig erkalten lassen.

In die erkaltete Eiercreme die Sahne einrühren, die Mischung in den Speiseeisbereiter füllen und entsprechend der Anleitung des Herstellers zu Eiscreme rühren lassen. Die fertige Eiscreme sofort servieren oder in einen Gefrierbehälter umfüllen, die Oberfläche mit fettdichtem Papier oder mit Folie bedecken und das Eis in den Gefrierschrank stellen.

Milchschokoladeneis

Dunkles Schokoladeneis

Dunkles Schokoladeneis

Samtig

Zu diesem Rezept hat uns das Schokoladen-Gelato der italienischen Kochbuchautorin Marcella Hazan angeregt. Das Eis ist dunkel, samtig und göttlich.

Ergibt 600 ml

4 **große Eidotter**
125 g plus 2 EL **Streuzucker**
500 ml **Vollmilch**
100 g **Bitterschokolade (70 % Kakaobestandteile)**, in Stücke gebrochen
45 g **Kakaopulver**

In einer hitzebeständigen Schüssel die Eidotter und 125 g Zucker mit dem elektrischen Handmixer dick und cremig schlagen. Die Milch in einem Topf bis knapp unter den Siedepunkt erhitzen, dann in die Schüssel mit der Eigelbmischung gießen und die Masse dabei gut schlagen.

Eine hitzebeständige Schüssel auf einen Topf mit leise köchelndem Wasser setzen und darin die Schokolade schmelzen. Die geschmolzene Schokolade, dann das Kakaopulver unter die Eigelbmischung schlagen. Die Schüssel auf einen Topf mit köchelndem Wasser setzen und die Mischung mit einem Holzlöffel rühren, bis keine Blasen mehr vorhanden sind und die Mischung auf der Rückseite des Löffels haftet. Die Schüssel vom Topf nehmen. Unterdessen in einem sehr kleinen Topf 2 EL Zucker und 2 EL Wasser mischen, aufkochen und kochen lassen, bis die Mischung die Farbe von dunklem Bernstein hat. Beim Dunkelwerden der Mischung die Pfanne schwenken. Die Karamellmasse ist fertig, wenn das Zuckerthermometer 175 °C anzeigt.

Die Karamellmasse unter die Schokolade schlagen, bis die Masse glatt ist – Achtung, es zischt! Die Oberfläche mit Folie bedecken und die Masse auskühlen lassen. Mindestens eine Stunde lang im Kühlschrank stehen lassen, dann in den Speiseeisbereiter füllen und entsprechend der Anleitung des Herstellers zu Eiscreme rühren lassen. Die fertige Eiscreme servieren oder in einen Gefrierbehälter umfüllen, die Oberfläche mit fettdichtem Papier oder mit Folie bedecken und das Eis in den Gefrierschrank stellen.

Kaffee-Eis

Raffiniert

Verwenden Sie für dieses Eis nach Möglichkeit keinen kalten, sondern frisch gebrühten Espresso oder Kaffee aus der Maschine – der Unterschied ist verblüffend. Als Alternative ist löslicher Kaffee angegeben, doch der Geschmack der Eiscreme ist dann nicht so intensiv, und wenn Sie ein echter Kaffeeliebhaber sind, finden Sie das Resultat womöglich enttäuschend.

Ergibt 800 ml

150 ml **Espresso oder**
4 ~~2~~ TL **Instant-Kaffeepulver,** in 150 ml kochendem Wasser aufgelöst
150 ml **Vollmilch**
100 g **heller Farinzucker**
5 **große Eidotter**
300 ml **Crème double**

Den Kaffee und die Milch zusammengießen und etwas abkühlen lassen.

In einer hitzebeständigen Schüssel den Zucker und die Eidotter mit dem elektrischen Handmixer zu einer sämigen, hellen Masse verschlagen. Den Milch-Kaffee-Mix unterrühren und die Schüssel auf einen Topf mit leise köchelndem Wasser setzen. Rühren, bis die Mischung so dickflüssig ist, dass sie auf dem Rücken eines Holzlöffels haftet. Die Schüssel vom Topf nehmen, zudecken und die Mischung vollständig erkalten lassen.

Die Crème double unterrühren, die Mischung in die Eismaschine füllen und entsprechend der Anleitung des Herstellers zu Eiscreme rühren lassen. Die fertige Eiscreme sofort servieren oder in einen Gefrierbehälter umfüllen, die Oberfläche mit fettdichtem Papier oder mit Folie bedecken und das Eis in den Gefrierschrank stellen.

■ *Abwandlung: In die fertige Eiscreme 50 Gramm grob gemahlene Kaffeebohnen einrühren, und das Eis anschließend in den Gefrierschrank stellen.*

Kaffee-Eis

Karamelleis

Göttlich

Sind Sie auf der Suche nach einer Eiscreme von höchster Qualität, suchen Sie nicht weiter. Hier ist sie, gehaltvoll, cremig und voller Intensität – zu Eis gewordene Raffinesse.

Ergibt 600 ml

200 g **Streuzucker**
75 ml **Wasser**
1 **Vanillestange**
375 ml **Crème double**
250 ml **Vollmilch**
6 **große Eidotter**

Den Zucker und das Wasser zusammen in einen Topf mit schwerem Boden schütten. Die Vanillestange längs aufschneiden, mit dem Messerrücken die Samenkörnchen herauskratzen und beides, die Vanillestange und die Körnchen, ebenfalls in den Topf geben. Das Ganze bei mittelstarker Wärmezufuhr langsam erwärmen, bis der Zucker sich auflöst. Die Wärmezufuhr verstärken und die Mischung ohne zu rühren ca. 8 Minuten sacht kochen lassen, bis sie tief bernsteinfarben wird und das Zuckerthermometer 180 °C anzeigt. Den Topf vom Herd nehmen und die Crème double zugeben – Achtung, dabei bilden sich viele Blasen – und rühren, bis der Karamell sich auflöst. Den Topf wieder auf den Herd stellen, bei geringer Wärmezufuhr die Milch zugeben und das Ganze leise köcheln lassen.

In einer Schüssel die Eidotter mit dem elektrischen Handmixer schlagen. Die Vanillestange aus der Karamellmischung nehmen und die Mischung unter ständigem Schlagen langsam auf das Eigelb gießen. Das Ganze wieder in den Topf füllen und bei geringer Wärmezufuhr weiter schlagen, bis die Mischung so dickflüssig ist, dass sie auf dem Rücken eines Holzlöffels haftet. Die Mischung in eine saubere Schüssel passieren und ihre Oberfläche mit Folie bedecken. Auskühlen lassen, dann für eine Stunde in den Kühlschrank stellen. Anschließend in den Speiseeisbereiter füllen und entsprechend der Anleitung des Herstellers zu Eiscreme rühren lassen. Die fertige Eiscreme sofort servieren oder in einen Gefrierbehälter umfüllen, die Oberfläche mit fettdichtem Papier oder mit Folie bedecken und das Eis in den Gefrierschrank stellen.

Karamelleis

Für Abendgesellschaften –

Wie wir bereits festgestellt haben, geht es beim Kochen für Freunde immer darum, sich als Gastgeber von der besten Seite zu zeigen. Denken Sie nur an Antonin Carême, den berühmten französischen Küchenchef aus dem 19. Jahrhundert. Er war ein unübertroffener Renommist, und für ihn war Eiscreme das ideale Medium, mit dem er seine Fähigkeiten ins rechte Licht rücken konnte. Er formte das Eis nach seinen architektonischen Plänen und verzierte es anschließend nach Belieben. Die ganze Mühe machte er sich nur, um die Abendgäste zu entzücken, ehe sie seinen Schöpfungen den Garaus machten.

Auch Sie können Ihre Gäste mit essbaren Bauwerken beeindrucken, doch denken Sie daran, dass Ihre Kreationen erst durch Geschmack, verführerische Aromen und frische Zutaten zu einem unvergesslichen kulinarischen Erlebnis werden.

Dieses Kapitel führt Ihnen eine Vielzahl von Eiskreationen vor – von gehaltvollen, Aufsehen erregenden Eiscremes bis zum zarten Sorbet-Trio oder raffinierten Semifreddo – die Ihre Gäste begeistern werden. Viele Sorbets können auch zwischen den einzelnen Gängen eines Essens serviert werden, damit sie den Gaumen frei machen oder in Verbindung mit anderen Speisen einzigartige Geschmackskombinationen erzeugen.

Behalten Sie die folgenden Rezepte nicht ausschließlich Ihren Gästen vor, denn es gibt im Leben immer Gelegenheit auch einmal sich selbst zu beeindrucken.

Glanzpunkte aus Eis

Semifreddo mit Bailey's® und Macadamianüssen

Bröselig

Bailey's® kombiniert mit der Textur gehackter Macadamianüsse ist der ultimative Luxus für eine Abendgesellschaft. Servieren Sie dazu einen starken Espresso als Gegengewicht zur Süße des Semifreddo oder, wenn es Ihnen lieber ist, ein Gläschen Bailey's®.

Ergibt 600 ml

6 **große Eidotter**
100 g **Streuzucker**
100 ml **Bailey's® Irish Cream**
300 ml **Crème double**
100 g **Macadamianüsse,** gehackt

Eine hitzebeständige Schüssel auf einen Topf mit köchelndem Wasser setzen und darin die Eidotter und den Zucker mit dem elektrischen Handmixer zu einer hellen, cremigen Masse schlagen. Langsam den Bailey's® zugeben und das Ganze schlagen, bis alles gut miteinander verrührt und die Masse dickflüssig ist. Die Schüssel vom Topf nehmen und die Masse weiter schlagen, bis sie ausgekühlt ist.

In einer gesonderten Schüssel die Sahne schlagen, bis sie feste Spitzen bildet. Die Sahne und die Macadamianüsse unter die Bailey's®-Mischung ziehen, das Ganze anschließend in einen Gefrierbehälter umfüllen. Die Oberfläche mit fettdichtem Papier oder mit Folie bedecken. Die Mischung in den Gefrierschrank stellen und nach einer Stunde umrühren, damit die Nüsse nicht nach unten sinken. Wieder abdecken und gefrieren lassen.

■ *Abwandlung: Anstelle von Macadamianüssen Walnüsse oder eine beliebige andere Nussart verwenden.*

Schokolade-Haselnuss-Marmoreis

Bittersüß

Diese milde, samtig-bittersüße Eiscreme ist ein echter Partyknüller, der garantiert die Geschmacksknospen wach werden lässt.

Ergibt 600 ml

600 ml **Masse für Dunkles Schokoladeneis,** noch nicht gefroren (Rezept siehe Seite 33)
100 g **Haselnüsse,** geröstet und gehackt
150 g **Schokoladen-Karamell-Sauce** (Rezept siehe Seite 164)

Die Masse für Dunkles Schokoladeneis in die Eismaschine füllen und entsprechend der Anleitung des Herstellers zu Eiscreme rühren lassen, bis sie knapp gefroren ist. Die gehackten Haselnüsse unterrühren.

Einen Gefrierbehälter mit dem anderthalbfachen Volumen der Eiscreme (ca. 1,5 Liter Fassungsvermögen) bereitstellen. In diesen Behälter die Hälfte der Eiscreme füllen. Darauf die Hälfte der Schokoladen-Karamell-Sauce mit einem Löffel in kleinen Mengen wahllos verteilen. Mit dem Rest der Eiscreme und der Sauce bedecken. Einen Metalllöffel drei- oder viermal durch das Eis ziehen, sodass die Sauce ein Marmormuster bildet. Die Eismasse mit fettdichtem Papier oder mit Folie bedecken und in den Gefrierschrank stellen.

■ *Abwandlung: Andere Nüsse oder zum Marmorieren andere Saucen verwenden oder Vanilleeis (Rezept siehe Seite 26) mit der Sauce und den Haselnüssen marmorieren.*

Tiramisu-Eistorte

Raffiniert

Tiramisu ist ein gehaltvolles Dessert, das aus Venedig stammt und sinngemäß übersetzt heißt „Mach mich munter“. Diese gefrorene Version ist eine Abwandlung der traditionellen Süßspeise und beschließt ein italienisches Essen auf beeindruckende Weise.

Ergibt 900 ml

100 g **Streuzucker**
300 ml **Wasser**
1 EL **lösliches Kaffeepulver**
150 g **Amaretti-Kekse oder Löffelbiskuits**
45 ml **Tia Maria, Marsala oder dunkler Rum**
250 ml **Crème double**
200 g **Mascarpone**

Den Boden und die Seiten einer Kastenform (23 x 12 x 6 cm) mit fettdichtem Papier oder mit Folie auslegen und beiseite stellen.

Den Zucker, das Wasser und das Kaffeepulver in einen Topf schütten und unter ständigem Rühren zum Kochen bringen. Fünf Minuten lang unzugedeckt leise köcheln lassen, dann vollständig erkalten lassen.
Die Amaretti-Kekse in dem Alkohol einweichen.

Die Sahne schlagen, bis sie steife Spitzen bildet, dann den Mascarpone zugeben und beides miteinander verschlagen. Nach und nach den Kaffee-Sirup-Mix unterrühren und das Ganze schlagen, bis die Masse glatt ist.

Den Boden der Kastenform mit einem Drittel der eingeweichten Kekse auslegen. Die restlichen Kekse in nicht zu kleine Stücke brechen und unter die Kaffee-Sahne-Mischung ziehen. Die Kaffee-Sahne-Mischung auf die Amaretti-Kekse gießen. Die Oberfläche mit fettdichtem Papier oder mit Folie bedecken und das Ganze in den Gefrierschrank stellen. Vor dem Servieren die Torte aus der Form nehmen, in Scheiben schneiden und diese nach Belieben mit Kakaopulver bestreuen.

Tiramisu-Eistorte

Aprikosen-Kardamom-Jogurt-Eis

Aromatisch duftend

Aprikosen und Kardamom passen gut zusammen. Die kleinen bräunlichen Samen im Innern der Kardamomkapseln verleihen dem Eis einen aromatischen, doch feinen Geschmack. Mit der Zugabe von Jogurt erhält diese Eiscreme eine fast indische Geschmacksrichtung.

Ergibt 800 ml

500 g **frische Aprikosen**
200 g **Streuzucker**
200 ml **Wasser**
3 **Kardamomkapseln,** leicht zerdrückt
Saft einer **Orange**
400 ml **griechischer Jogurt** (fettreich und flüssig)

Die Aprikosen halbieren, entsteinen und klein schneiden. Die zerkleinerten Aprikosen, den Zucker, das Wasser, die Kardamomkapseln und den Orangensaft in einen großen Topf geben und zum Kochen bringen. Zudecken und etwa 8–10 Minuten köcheln lassen, bis das Obst weich ist. Die Kardamomkapseln herausnehmen und die Mischung in der Küchenmaschine zu einer glatten Masse pürieren. Vollständig erkalten lassen.

In die erkaltete Mischung den Jogurt einrühren. In die Eismaschine füllen und entsprechend der Anleitung des Herstellers zu Eiscreme rühren lassen, bis die Mischung gefroren ist. Die fertige Eiscreme in einen Gefrierbehälter oder in Formen für Eis am Stiel füllen und in den Gefrierschrank stellen. Vor dem Servieren 20 Minuten im Kühlschrank stehen lassen.

■ *Abwandlung: Wenn nicht gewünscht, den Kardamom weglassen. So bekommen Sie ein köstlich-cremiges Aprikoseneis.*

Zimt-Mascarpone-Eis

Aromatisch

sehr gut !!!

Der aus Italien stammende Mascarpone ist ein Käse, obgleich seine Textur sehr der von Sahne ähnelt. Seine Cremigkeit macht ihn zu einer idealen Eiszutat.

Ergibt 800 ml

200 g **brauner Zucker**
350 ml **Wasser**
1 1/2 TL **gemahlener Zimt**
400 g **Mascarpone**
150 ml **Crème double,** leicht geschlagen

In einem mittelgroßen Topf den Zucker und das Wasser bei mittlerer Wärmezufuhr erhitzen, bis der Zucker aufgelöst ist. Die Flüssigkeit zum Kochen bringen, dann unzugedeckt etwa 10 Minuten köcheln lassen. Vom Herd nehmen, den Zimt einrühren und vollständig erkalten lassen.

Den Sirup, den Mascarpone und die Crème double miteinander vermischen und in einen Gefrierbehälter füllen. Die Oberfläche mit fettdichtem Papier oder mit Folie bedecken und die Masse in den Gefrierschrank stellen. Variante: Die Crème double nicht schlagen und die Mischung im Speiseeisbereiter entsprechend der Anleitung des Herstellers zu Eiscreme rühren lassen. Die Oberfläche mit fettdichtem Papier oder mit Folie bedecken und das fertige Eis in den Gefrierschrank stellen.

■ *Zum Ausprobieren: Anstelle von Zimt Gewürzmischung, Muskat oder gemahlenen Kardamom zugeben.*

Weißes Nougateis

Weißes Nougateis

Tropisch

Vorsicht beim Aufkochen des Zuckers, des Glukosesirups und des Honigs – die Mischung wird sehr heiß! Wichtig ist hier rasches Arbeiten, wenn das Eiweiß einmal geschlagen ist, den Sirup ohne Unterbrechung zuzugießen und die Masse bis zum Auskühlen zu schlagen. Das Ergebnis wird Sie beeindrucken.

Ergibt 1,5 l

75 g **Streuzucker**
45 g **Glukosesirup**
60 ml **heller Honig**
6 **Eiweiß von großen Eiern** (siehe Anmerkung auf Seite 4)
300 ml **Crème double,** leicht geschlagen
200 g **gemischte getrocknete Südfrüchte,** klein geschnitten
100 g **Mandelblättchen**

Den Zucker, den Glukosesirup und den Honig in einem Topf zum Köcheln bringen und ein- oder zweimal umrühren, bis der Zucker aufgelöst ist. Anschließend zum Kochen bringen und kochen lassen, bis das Zuckerthermometer 116 °C anzeigt.

Ist der Sirup fast fertig, die Eiweiße mit dem elektrischen Handmixer schlagen, bis sie steife Spitzen bilden. Bei laufendem Mixer den Sirup auf den Eischnee gießen und die Mischung so lange schlagen, bis sie ausgekühlt ist. Die leicht geschlagene Crème double unter die ausgekühlte Nougatmischung ziehen, dann die Mandeln und das Obst unterheben.

Die Mischung in eine mit fettdichtem Papier oder Folie ausgelegte 2-Liter-Kastenform füllen, die Oberfläche mit einem Spatel glatt streichen und bedecken. Die Form in den Gefrierschrank stellen. Die gefrorene Masse vorsichtig aus der Form nehmen und das Eis in Scheiben geschnitten servieren.

Semifreddo-Barren mit Schokolade

Dekadent

Dieses Semifreddo sieht großartig aus, wenn man es in kleinen Kastenformen, in diesem Fall acht Stück von 10 x 5 cm Größe, gefrieren lässt. Jeder Gast wird sich als etwas Besonderes fühlen, wenn er auf einer Abendgesellschaft sein eigenes Eisförmchen bekommt. Das Semifreddo kann auch in einer großen Kastenform (23 x 12 x 6 cm) bereitet werden.

Ergibt 8 kleine Barren

3 **große Eier** (siehe Anmerkung auf Seite 4), getrennt
125 g **Streuzucker**
200 g **Mascarpone,** geschlagen
1 EL **reine Vanillepaste oder Vanilleextrakt**
Fein abgeriebene **Schale einer Zitrone**
60 g **Streuzucker**
60 g **Bitterschokolade,** fein geraspelt

Den Boden und die Seiten jeder Form mit Folie auslegen. Die Folie so weit überstehen lassen, dass das fertige Eis problemlos aus der Form gehoben werden kann.
Eine hitzebeständige Schüssel auf einen Topf mit köchelndem Wasser stellen. Darin die Eidotter und 60 g Zucker mit dem elektrischen Handmixer zu einer dicken, hellen, cremigen Masse schlagen. Die Schüssel vom Topf nehmen und die Masse noch eine Minute lang weiter schlagen. Den Mascarpone, die Vanillepaste und die Zitronenschale zugeben und das Ganze schlagen, bis die Zutaten gerade vermischt sind. Beiseite stellen.
In einer gesonderten Schüssel das Eiweiß schlagen, bis es sehr weiche Spitzen bildet. Nach und nach den restlichen Zucker unterschlagen, bis beides gut vermischt ist, die Masse glänzt und noch immer weiche Spitzen bildet. Die Eiweißmasse vorsichtig unter die Mascarponemischung heben.
Jede Form zur Hälfte füllen. In die restliche Masse die Schokolade einrühren, mit dieser Schokomasse die Formen auffüllen. Die Formen mit Folie abdecken und für 4 – 6 Stunden (eine große Kastenform über Nacht) in den Gefrierschrank stellen. Vor dem Servieren aus den Formen nehmen und nach Belieben mit handelsüblichen oder hausgemachten Schokoladelocken garnieren.

Semifreddo-Barren mit Schokolade

Zabaglione-Eis

Cremig

Zabaglione, das klassische sizilianische Dessert, ist ein dauerhafter Favorit im kulinarischen Repertoire der Italiener. Daraus lässt sich eine vorzügliche Eiscreme herstellen.

Ergibt 600 ml

6 **große Eidotter**
100 g **hellbrauner Zucker**
100 ml **Marsala**
300 ml **Crème double**
1/2 TL **Vanilleextrakt**

Eine hitzebeständige Schüssel auf einen Topf mit köchelndem Wasser stellen. Darin die Eidotter und den Zucker mit dem elektrischen Handmixer etwa 10 Minuten lang schlagen, bis die Masse dick, hell und cremig ist. Langsam den Marsala zugießen und das Ganze schlagen, bis alles gut vermischt und die Mischung dickflüssig ist. Die Schüssel vom Topf nehmen und die Mischung weiter schlagen, bis sie ausgekühlt ist.
In einer gesonderten Schüssel die Sahne mit der Vanille schlagen, bis sie steife Spitzen bildet. Die geschlagene Sahne unter die ausgekühlte Marsala-Mischung ziehen, anschließend die Mischung in einen Gefrierbehälter umfüllen. Die Oberfläche mit fettfreiem Papier oder mit Folie bedecken und die Masse gefrieren lassen.

■ *Köstlich dazu sind dünne, rösch gebackene Kekse, Biscotti oder Amaretti.*

Ziegenkäse-Honig-Eis

Halbsüß

Grundlage dieses Rezeptes ist ein Ziegenkäse-Sorbet, das im Vinnies, einem der feinsten Restaurants in Auckland, serviert wird. Wir haben hier Honig hinzugefügt und weniger Käse verwendet, damit das Ergebnis süßer wird. Es mag vielleicht seltsam klingen, doch dieses Eis schmeckt zusammen mit Himbeeren oder Brombeeren und dazu mit Lavendelhonig beträufelt köstlich.

Ergibt 500 ml

150 g Streuzucker
250 ml Wasser
Saft einer Zitrone
45 g Lavendelhonig oder eine Honigsorte Ihrer Wahl
100 g weicher Ziegenkäse (möglichst salzarm)
100 g Sauerrahm

Den Zucker, das Wasser, den Zitronensaft und den Honig in einem Topf zum Kochen bringen. Die Wärmezufuhr verringern und das Ganze fünf Minuten lang leise köcheln lassen. Vollständig erkalten lassen.

Die Hälfte des ausgekühlten Sirups zusammen mit dem Ziegenkäse und dem Sauerrahm in der Küchenmaschine zu einer glatten Mischung mixen. Die Mischung durch ein Sieb streichen und den restlichen Sirup zugeben.

Die Mischung im Speiseeisbereiter entsprechend der Anleitung des Herstellers etwa 10 Minuten oder so lange rühren lassen, bis sie die Konsistenz leicht geschlagener Sahne hat. In einen Gefrierbehälter umfüllen, die Oberfläche mit fettdichtem Papier oder mit Folie bedecken und gefrieren lassen.

Bittersüßes Kakaosorbet

Bittersüßes Kakaosorbet

Mild

Dieses bittersüße Sorbet ist nichts für Hasenherzen. Liebhaber feiner Bitterschokolade werden es schätzen, doch jene, die ihre Schokolade etwas süßer mögen, finden es womöglich ein wenig zu kräftig. Verwenden Sie Kakao feinster Qualität und servieren Sie das Sorbet mit einem Glas Ihres besten Weinbrands, um den Genuss zu steigern.

Ergibt 800 ml

275 g Streuzucker
1 l Wasser
125 g Kakaopulver, gesiebt
1 EL reine Vanillepaste oder Vanilleextrakt

Den Zucker und das Wasser in einem Topf zum Kochen bringen. Das Kakaopulver zugeben und gut unterrühren. Die Mischung wieder zum Kochen bringen. Bei geringer Wärmezufuhr 20 Minuten lang leise köcheln lassen, dabei gelegentlich umrühren. Anschließend zugedeckt vollständig erkalten lassen und dann die Vanillepaste zugeben.

In der Eismaschine 20 Minuten oder so lange, bis die Mischung gefroren ist, entsprechend der Anleitung des Herstellers rühren lassen. Das fertige Sorbet sofort in kleinen Schüsseln servieren oder in einen Gefrierbehälter umfüllen, die Oberfläche mit fettdichtem Papier oder mit Folie bedecken und das Gefäß in den Gefrierschrank stellen. 15 Minuten vor dem Servieren aus dem Gefrierschrank nehmen und etwas weich werden lassen.

■ *Zwei TL gemahlenen Zimt an das Sorbet geben, wenn etwas Würze gewünscht wird. Zu dieser Eiscreme passen ausgezeichnet Rösche Mandel-Zitronen-Dreiecke (Rezept siehe Seite 173).*

Erdbeer-Balsamessig-Sorbet

Aromatisch

Balsamessig mag als Zutat für Speiseeis ungewöhnlich erscheinen, doch wenn Sie diese Kombination erst einmal probiert haben, werden Sie wissen, dass er durchaus passt. Der geschmackvolle, süße, duftende Essig ist eine ideale Ergänzung zu köstlichen, saftigen Erdbeeren.

Ergibt 600 ml

500 g **Erdbeeren**, geputzt
Saft einer Zitrone
150 g **Streuzucker**
300 ml **Wasser**
2 EL **Balsamessig**
2 **Eiweiß** (siehe Anmerkung auf Seite 4), leicht mit einer Gabel geschlagen

Die Erdbeeren, den Zitronensaft, den Zucker, das Wasser und den Balsamessig in einem großen Topf zum Kochen bringen. Die Wärmezufuhr verringern und das Ganze fünf Minuten lang unzugedeckt köcheln lassen. Etwas abkühlen lassen, dann in die Küchenmaschine füllen und zu einem glatten Mus pürieren. Zugedeckt vollständig erkalten lassen.

Die Mischung im Speiseeisbereiter zehn Minuten lang entsprechend der Anleitung des Herstellers rühren lassen, dann die Eiweiße zugeben. Weiter in der Eismaschine rühren lassen, bis die Mischung gefroren ist. Sofort servieren oder in einen Gefrierbehälter umfüllen, die Oberfläche mit fettdichtem Papier oder mit Folie bedecken und das Gefäß in den Gefrierschrank stellen. 15 Minuten vor dem Servieren aus dem Gefrierschrank nehmen, damit das Sorbet etwas weich wird.

■ *Wird für das Rezept feinster Balsamessig verwendet, vor dem Servieren ein paar Tröpfchen auf das Sorbet träufeln.*

Himbeersorbet mit Indonesischen Zitronenblättern

Aromatisch

Indonesische Zitronenblätter, die Blätter der Kaffirzitrone, erhält man in Asia-Märkten. Kaufen Sie auf Vorrat und frieren Sie den Rest in einem Gefrierbeutel ein. Die Blätter geben einem traditionellen Himbeersorbet einen einzigartigen Geschmack.

Ergibt 600 ml

450 g frische Himbeeren
150 g Streuzucker
300 ml Wasser
Saft einer Limette
3 – 4 frische oder gefrorene Indonesische Zitronenblätter

Sämtliche Zutaten in einem mittelgroßen Topf zum Kochen bringen. Die Wärmezufuhr verringern und das Ganze fünf Minuten lang köcheln lassen. Aus der abgekühlten Mischung die Zitronenblätter herausnehmen, die Mischung in die Küchenmaschine umfüllen. Pürieren, dann zum Entfernen der Himbeersamen durch ein Sieb streichen. Den Sirup im Kühlschrank vollständig erkalten lassen.

Den erkalteten Sirup im Speiseeisbereiter entsprechend der Anleitung des Herstellers rühren lassen, bis er gefroren ist. Sofort servieren oder in einen Gefrierbehälter umfüllen, die Oberfläche mit fettdichtem Papier oder mit Folie bedecken und das Gefäß in den Gefrierschrank stellen. 15 Minuten vor dem Servieren aus dem Gefrierschrank nehmen, damit das Sorbet etwas weich wird.

■ *Abwandlung: Anstelle Indonesischer Zitronenblätter einige Minzeblättchen verwenden. Himbeersorbet allein ist schon etwas ganz Besonderes. Bestreuen Sie das Sorbet vor dem Servieren mit ein paar frischen Himbeeren oder anderen Beeren.*

Eishappen mit Schokoladenüberzug

Verführerisch

Diese Eishappen sind der ideale Abschluss eines Essens, wenn Sie kein großes Dessert servieren möchten. Rum-Rosinen-Eis (Rezept siehe Seite 142) und ein Überzug aus dunkler Bitterschokolade passen sehr gut zusammen, doch Sie können nach Belieben auch andere Zusammenstellungen ausprobieren.

Ergibt etwa 16 Stück

300 g **Eiscreme Ihrer Wahl**
200 g **Bitterschokolade**

Das Eis mit einem kleinen Eisportionierer oder einem Melonenkugelausstecher zu kleinen Kugeln formen. Ein Tablett mit Backpapier auslegen, die Kugeln darauf setzen und im Gefrierschrank hartfrieren lassen.

Die Schokolade über einem Topf mit köchelndem Wasser oder in der Mikrowelle schmelzen. Abkühlen, aber nicht wieder fest werden lassen.

Die gefrorenen Eiskugeln mit zwei Löffeln fassen, in die abgekühlte Schokolade tauchen und wieder auf das Backpapier legen. Die mit Schokolade überzogenen Kugeln bis zum Servieren in den Gefrierschrank stellen.

■ *Abwandlung: Kindern werden besonders gut Pfefferminz-Schoko-Eishappen (Rezept siehe Seite 127) mit weißem Schokoladenüberzug oder Kokoseis (Rezept siehe Seite 83) mit Bitterschokoladenüberzug schmecken. Probieren Sie bunte Schokoladenüberzüge (weiße Schokolade mit Lebensmittelfarbe tönen) oder Eishappen mit Schokoüberzug, die zusätzlich in gehackte Nüsse oder Kokosraspel gestippt werden.*

Eishappen mit Schokoladenüberzug

Limetteneis

Herb

Diese herbe, an einen Daiquiri erinnernde Eiscreme wird ohne Eismaschine bereitet.

Ergibt 700 ml

300 ml **Crème double**
300 ml **Vollmilch**
200 g **Streuzucker**
75 ml **Limettensaft**
Abgeriebene Schale einer Limette

In einem Topf die Crème double, die Milch und 125 g Zucker unter gelegentlichem Rühren langsam erwärmen, bis der Zucker aufgelöst ist. Auskühlen lassen, dann in einen luftdicht schließenden Behälter gießen und in den Gefrierschrank stellen.

In der Zwischenzeit den restlichen Zucker, den Limettensaft sowie die Limettenschale in einen kleinen Topf geben und bei geringer Wärmezufuhr erwärmen, bis der Zucker aufgelöst ist. Die Wärmezufuhr etwas verstärken und die Mischung langsam kochen lassen, bis sie aromatisch duftet und leicht angedickt ist. Die Mischung vollständig erkalten lassen.

Den Limettensirup in ein kleines luftdicht schließendes Gefäß gießen und in den Gefrierschrank stellen. Wenn die Double-Cream-Mischung gerade zu gefrieren beginnt, aus dem Gefrierschrank nehmen und den Limettensirup, der inzwischen die Konsistenz von Schneematsch hat, unterrühren. Die Oberfläche mit fettdichtem Papier oder mit Folie bedecken und die Masse wieder in den Gefrierschrank stellen.

■ *Abwandlung: Anstelle des Limettensaftes Zitronensaft verwenden.*

Karibisches Früchte-Rum-EIS

Zutaten:

400 ml	Schlagsahne
350 ml	Vollmilch
100 g	Fruchtzucker
3	Eidotter
3-4 EL	Rum
375 g	Gefrierobst
	Limetten od. Zitronensaft

Karibisches Bananen-Rum-Eis

Voller Geschmack (Früchte-)

Sehr gut!

Diese dekadente Eiscreme wird am besten mit reifen, braunen Bananen und mit dem besten dunklen Rum bereitet, den Sie finden können.

Ergibt 800 ml

~~500~~ 400 ml Crème double
350 ~~250~~ ml Vollmilch
3 große Eidotter
~~150 g brauner Zucker~~ 100 g Fruchtzucker
~~3 reife Bananen~~ 375 g Gefrierobst
Saft einer Zitrone
3–4 EL dunkler Rum (nach Geschmack)

Die Crème double und die Milch in einem mittelgroßen Topf langsam bis knapp unter den Siedepunkt erhitzen.

In einer hitzebeständigen Schüssel die Eidotter und der Zucker zu einer sämigen, hellen Masse verschlagen. Nach und nach mit dem elektrischen Handmixer die heiße Sahne-Milch-Mischung unterrühren. Die Schüssel auf einen Topf mit leise köchelndem Wasser setzen und weiter rühren, bis die Mischung so dickflüssig ist, dass sie auf dem Rücken eines Holzlöffels haftet. Die Schüssel vom Topf nehmen, in eine Schüssel mit Eiswürfeln stellen und die Masse unter gelegentlichem Schlagen auskühlen lassen.

Ist die Eiercreme vollständig erkaltet, die breiigen Bananen, den Zitronensaft und Rum nach Geschmack unterschlagen. Die Masse in den Speiseeisbereiter füllen und entsprechend der Anleitung des Herstellers zu Eiscreme rühren lassen. Die fertige Eiscreme in einen Gefrierbehälter umfüllen, die Oberfläche mit fettdichtem Papier oder mit Folie bedecken und das Eis in den Gefrierschrank stellen.

Ahornsirup-Heidelbeer-Eis

Köstlich

Hier wird ein cremiges Ahornsirup-Eis mit Heidelbeerkompott marmoriert. Das Ergebnis ist ein farblich ansprechendes, köstlich schmeckendes Dessert.

Ergibt 1 l

500 ml **Vollmilch**
1 **Vanillestange,** längs halbiert
6 **große Eidotter**
250 ml **Ahornsirup**
300 ml **Heidelbeerkompott** (Rezept siehe Seite 166)
500 ml **Crème double**

Die Milch und die Vanillestange in einem Topf mit schwerem Boden bis knapp unter den Siedepunkt erhitzen, dabei gelegentlich umrühren. Den Topf vom Herd nehmen.

Inzwischen in einer hitzebeständigen Schüssel die Eidotter mit dem elektrischen Handmixer zu einer sämigen, hellen Masse schlagen und diese langsam unter den Ahornsirup schlagen, bis beides vermischt ist.

Die Vanillestange aus der Milch nehmen, die Samenkörnchen auskratzen. Die Milch nach und nach unter die Eigelb-Sirup-Mischung schlagen. Die Schüssel auf einen Topf mit köchelndem Wasser setzen und die Mischung rühren, bis sie so dickflüssig ist, dass sie am Rücken eines Holzlöffels haftet. Die Schüssel vom Topf nehmen, den Inhalt mit dünner Haushaltfolie bedecken, damit keine Haut entsteht. Die Eiercreme vollständig erkalten lassen.

In die erkaltete Eiercreme die Crème double einrühren, das Ganze in die Eismaschine füllen und entsprechend der Anleitung des Herstellers zu Eiscreme rühren lassen.

Das fertige Eis und das Heidelbeerkompott mit einem Löffel in abwechselnden Schichten in einen Gefrierbehälter füllen. Zum Marmorieren ein stumpfes Messer vorsichtig durch die Schichten ziehen und das Kompott spiralförmig in der Eismasse verteilen. Die Eisoberfläche mit fettdichtem Papier oder mit Folie bedecken und das Gefäß in den Gefrierschrank stellen.

Helles Rocky-Road-Eis

Sündhaft

Eine klebrige, krachige, süße, dekadente Version des traditionellen Rocky-Road-Eises (Rezept siehe Seite 124).

Ergibt 600 ml

250 ml **Vollmilch**
2 **große Eidotter**
50 g **Streuzucker**
100 g **weiße Schokolade,**
in kleine Stücke zerbrochen
150 ml **Crème double**
100 g **Macadamianüsse,**
geröstet
250 ml **Marshmallow-Sauce**
(Rezept siehe Seite 164)

Die Milch in einem mittelgroßen Topf langsam bis knapp unter den Siedepunkt erhitzen.

In einer hitzebeständigen Schüssel die Eidotter und den Zucker mit dem elektrischen Handmixer zu einer sämigen, hellen Masse verschlagen. Nach und nach die Milch unter die Eigelbmischung schlagen. Die Schüssel auf einen Topf mit köchelndem Wasser setzen und die Masse weiter rühren, bis sie so dickflüssig ist, dass sie am Rücken eines Holzlöffels haftet. Die Schüssel vom Topf nehmen, die Schokoladenstückchen einstreuen und das Ganze glatt rühren. Die Oberfläche mit dünner Haushaltfolie bedecken, damit keine Haut entsteht. Vollständig erkalten lassen.

In die erkaltete Mischung die Crème double einrühren, die Mischung in der Eismaschine entsprechend der Anleitung des Herstellers zu Eiscreme rühren lassen. Die Nüsse unterrühren, knapp bevor das Eis fest zu werden beginnt. Die Eiscreme und die Marshmallow-Sauce in abwechselnden Schichten in ein Gefriergefäß füllen. Ein stumpfes Messer vorsichtig durch die Schichten ziehen und die Sauce spiralförmig in der Eismasse verteilen. Die Eisoberfläche mit fettdichtem Papier oder mit Folie bedecken und das Gefäß in den Gefrierschrank stellen.

Tortoni mit gerösteten Haselnüssen

Süß

Das klassische Bisquit-Tortoni ist ein gefrorenes Dessert, das traditionell aus gesüßter Schlagsahne, Eischnee und gehackten Nüssen gemacht und mit einer Spirituose aromatisiert wird.
Die hier vorgestellte Version stammt aus Kanada, wo ich sie vor Jahren einmal von meiner Freundin Cynthia Shupe serviert bekam. Sie gehört noch heute zu meinen Lieblingssüßspeisen.

Ergibt 6 Portionen à 250 ml

2 **große Eiweiße** (siehe Anmerkung auf Seite 4)
1/4 TL **Weinstein**
60 g **Streuzucker**
375 ml **Crème double**
1 TL **Vanilleextrakt**
60 ml **Grand Marnier**
4 EL **Kokosraspel,** geröstet
60 g **Haselnüsse,** geröstet und gehackt
100 g **Bitterschokolade (70 % Kakaobestandteile),** geraspelt

Die Eiweiße und den Weinstein mit dem elektrischen Handmixer schlagen, bis der Eischnee weiche Spitzen bildet. Den Zucker zugeben und die Masse schlagen, bis steife Spitzen entstehen.

In einer gesonderten Schüssel die Crème double schlagen, bis sie gerade weich ist. Die Vanille und den Grand Marnier unterschlagen. In einer kleinen Schüssel die Kokosraspel, die Haselnüsse und die Schokolade mischen. Ein Viertel der Mischung für die Garnierung aufheben, den Rest in die Sahnemischung einrühren. Die geschlagene Sahne und den Eischnee mischen und vorsichtig glatt rühren.

Die Masse in Gläser füllen und mit der Garniermischung bestreuen. Mindestens vier Stunden lang gefrieren lassen. Oder die Masse in einen Gefrierbehälter füllen und später in Dessertschalen servieren.

Tortoni mit gerösteten Haselnüssen

Ricotta-Eis mit Pinienkernen

Ricotta-Eis mit Pinienkernen

Röstfein-knusprig

Zu diesem Rezept regte uns die Ricotta-Eiscreme der Kochbuchautorin Martha Stewart an. Wir bestreuen das Eis noch mit gerösteten Pinienkernen und träufeln etwas Honig darauf. Das cremige Eis und die röstfeinen Knusperkerne bilden einen tollen Kontrast.

Ergibt 2 l

4 **große Eier** (siehe Anmerkung Seite 4)
150 g **Streuzucker**
150 ml **heller Honig** plus 2 EL **zum Beträufeln**
1 TL **Vanilleextrakt**
500 g **Ricotta**
500 ml **Vollmilch**
500 ml **Crème double,** leicht geschlagen
50 g **Pinienkerne,** geröstet

Die Eier, den Zucker und den Honig mit dem elektrischen Handmixer rund 6–8 Minuten lang zu einer sämigen, hellen Masse verschlagen. Die Vanille, den Ricotta, die Milch und die geschlagene Sahne unterrühren. Weitere zwei Minuten lang schlagen, bis die Masse cremig und dick ist.

Die Masse auf ein mit Pergament ausgelegtes Backblech (33 x 22 cm) mit hohem Rand oder in einen Gefrierbehälter streichen. Mit den gerösteten Pinienkernen bestreuen und mit dem restlichen Honig beträufeln. Vor dem Gefrieren die Oberfläche locker mit fettdichtem Papier oder mit Folie abdecken.

■ *Probieren Sie das Rezept mit aromatisiertem Honig aus, der dem Eis einen Hauch von Lavendel, Orangenblüte oder Rosmarin verleiht.*

Affogato

Bittere Süße

Dies ist unsere Version des italienischen affogato – eines in Espresso ertränkten Gelato. Wir mögen ihn mit rösch gebackenen Zitronen-Haselnuss-Biscotti (Rezept siehe Seite 172).

Ergibt 4 Portionen

8 Portionen **Vanilleeis und/oder Kaffee-Eis**
(Rezepte siehe Seiten 26 und 34)
2 EL **Kaffeebohnen,** fein gemahlen
300 ml **heißer Espresso**

Die Eisportionen auf vier Glastassen oder kleine Schalen verteilen. Mit den gemahlenen Kaffeebohnen bestreuen. Die Tassen bzw. Schalen an den Tisch bringen und das Eis dort mit Espresso übergießen.

■ *Abwandlung: Für eine Leckerei nach dem Essen einen Schuss Likör wie beispielsweise Tia Maria oder Cointreau oder auch Weinbrand zugeben.*

Affogato

Kahlúa®-Walnuss-Schoko-Marmoreis

Raffiniert

Wenn Sie nach dem Essen Appetit auf eine kleine Nascherei haben, sich aber nicht zwischen einem Glas Kahlúa und einer Süßspeise entscheiden können, ist dieses Eis die richtige Wahl.

Ergibt 750 ml

300 ml **Vollmilch**
4 **große Eidotter**
100 g **Streuzucker**
1 TL **Vanilleextrakt**
300 ml **Crème double**
150 ml **Kahlúa®** (mexikanischer Kaffeelikör)
100 **Walnüsse**, geröstet und gehackt
350 ml **Schokoladen-Karamell-Sauce** (Rezept siehe Seite 164)

Die Milch in einem mittelgroßen Topf langsam bis knapp zum Siedepunkt erhitzen. Den Topf vom Herd nehmen.

In einer hitzebeständigen Schüssel die Eidotter, den Zucker und den Vanilleextrakt mit dem elektrischen Handmixer zu einer sämigen, hellen Masse verschlagen. Nach und nach die Milch unterschlagen. Die Schüssel auf einen Topf mit köchelndem Wasser setzen und die Mischung weiter rühren, bis sie so dickflüssig ist, dass sie am Rücken eines Holzlöffels haftet. Die Schüssel vom Topf nehmen und die Oberfläche der Mischung mit dünner Haushaltfolie bedecken.

In die erkaltete Mischung die Sahne und den Kaffeelikör einrühren, das Ganze in der Eismaschine entsprechend der Anleitung des Herstellers rühren lassen, bis die Masse fest ist.

Das fertige Eis, die Nüsse und die Sauce im Wechsel löffelweise gleichmäßig in einem Gefrierbehälter verteilen. Ein stumpfes Messer vorsichtig in Spiralen durch die Schichten ziehen und so die Nüsse und die Sauce in der Eismasses verteilen. Die Oberfläche bedecken, das Eis in den Gefrierschrank stellen.

Brombeer-Cabernet-Sorbet

Erfrischend

Dieses volle, fruchtig-süße Sorbet ist ein idealer Gaumenputzer zwischen den einzelnen Gängen, eignet sich aber genauso gut als erfrischendes Dessert. Servieren Sie es mit kandierten Kumquats (Rezept siehe Seite 169).

Ergibt 500 ml

200 g **Streuzucker**
100 ml **Wasser**
1 **Vanillestange**
600 ml **Cabernet-Sauvignon**
275 g **frische oder gefrorene Brombeeren** (Tiefkühlware nicht auftauen)
2 EL **Zitronensaft**

Den Zucker und das Wasser zusammen in einen Topf mit schwerem Boden schütten. Die Vanillestange längs halbieren, die Samenkörnchen mit dem Messerrücken auskratzen und beides, Vanillestange und Samen, ebenfalls in den Topf geben. Das Ganze zum Kochen bringen, dann ohne zu rühren köcheln lassen, bis die Mischung eine schwach goldgelbe Farbe annimmt. Den Topf vom Herd nehmen und den Wein zugießen – Achtung, jetzt blubbert eine Menge Blasen im Topf –, dann den Topf wieder auf kleine Flamme stellen und die Mischung rühren, bis der Karamell sich auflöst.

Die Brombeeren und den Zitronensaft zugeben, die Mischung etwa 15 Minuten lang leise köcheln lassen. Zwischendurch gelegentlich rühren und mit einem Löffel die Beeren zerdrücken. Den Topf vom Herd nehmen und die Mischung durch ein feines Sieb passieren, dabei mit dem Rücken eines Löffels möglichst viel Saft auspressen. Die Mischung auskühlen lassen, dann mindestens zwei Stunden lang kalt stellen. Anschließend in der Eismaschine entsprechend der Anleitung des Herstellers zu Eiscreme rühren lassen.

Das fertige Eis servieren oder in einen Gefrierbehälter umfüllen, mit fettdichtem Papier oder Backpapier bedecken, den Behälter zudecken und in den Gefrierschrank stellen. Das Sorbet 15 Minuten vor dem Servieren aus dem Gefrierschrank nehmen und etwas weich werden lassen.

Lemongras-Sorbet

Lemongrasgeschmack

Diese zarte Köstlichkeit ist fast wie gefrorene Limonade, besitzt aber eine schwer bestimmbare, vom Lemongras geprägte Qualität, die dem Sorbet ein ganz besonderes Aroma verleiht.

Ergibt 500 ml

Für den Sirup:
8 Stängel **Lemongras**
6 EL **Streuzucker**
6 EL **Wasser**

Für das Sorbet:
300 ml **Wasser**
150 ml **Zitronensaft**
3 EL **Streuzucker** (oder Menge nach Geschmack)

Die Lemongrasstängel mit der Klinge eines Küchenmessers zerdrücken, damit ihr Aroma freigesetzt wird. Die zerdrückten Stängel in 5 cm lange Stücke schneiden.

Das Lemongras, den Zucker und das Wasser in einem kleinen Topf mit schwerem Boden zum Kochen bringen. Die Wärmezufuhr reduzieren und das Ganze etwa zehn Minuten lang köcheln lassen, bis der Sirup leicht angedickt ist (und fast die Textur von warmem hellem Honig hat). Den Topf vom Herd nehmen und den Sirup vollständig erkalten lassen. Den erkalteten Sirup abseihen, die Lemongrasstücke wegwerfen.

Das Wasser und den Zitronensaft zusammen in eine Schüssel gießen. Langsam esslöffelweise den Zucker einrühren, bis die Flüssigkeit süß, aber noch etwas herb schmeckt. Den erkalteten und abgeseihten Sirup unterrühren und kosten. Die Mischung sollte recht süß sein; eventuell noch etwas Zucker zugeben, denn durch das Gefrieren lässt die Süße des Sorbets nach. Die Mischung mindestens eine Stunde lang kalt stellen, danach in der Eismaschine entsprechend der Anleitung des Herstellers zu Sorbet rühren lassen. Das fertige Sorbet in einen Gefrierbehälter umfüllen, die Oberfläche mit fettdichtem Papier oder mit Folie bedecken und das Ganze mindestens vier Stunden lang gefrieren lassen.

Thaibasilikum-Sorbet

Lakritzartig

Thaibasilikum, das in Asia-Märkten angeboten wird, gibt ein zartes lakritzartiges Aroma ab, wenn es gesüßt und zu einem Sorbet gefroren wird. Der ideale Abschluss für ein südostasiatisches Essen oder eine erfrischende Begleitung zu einem Salat aus Zitrusfrüchten.

Ergibt 600 ml

200 g **Streuzucker**
200 ml **Wasser**
50 g **Thaibasilikum**
1 EL **Limettensaft**
Orangenspalten zum Garnieren

Den Zucker, das Wasser und das Basilikum in einem Topf mit schwerem Boden bei mittelstarker Wärmezufuhr zum Kochen bringen und dann fünf Minuten lang köcheln lassen. Den Topf vom Herd nehmen und die Flüssigkeit abkühlen lassen.

Den abgekühlten Sirup in einen Messbecher gießen, das Basilikum wegwerfen. Den Sirup mit Wasser auf 600 ml auffüllen, dann den Limettensaft unterrühren.

Die Mischung eine Stunde lang kalt stellen, dann im Speiseeisbereiter entsprechend der Anleitung des Herstellers zu Sorbet rühren lassen. Mit einem Löffel direkt aus der Eismaschine in Portionsschalen geben oder in einen Gefrierbehälter umfüllen, die Oberfläche mit fettdichtem Papier oder mit Folie bedecken und das Sorbet in den Gefrierschrank stellen. 15 Minuten vor dem Servieren aus dem Gefrierschrank nehmen, damit das Sorbet etwas weich wird.

Nach Belieben mit Orangenspalten servieren.

■ *Abwandlung: Wird anstelle von Thaibasilikum gewöhnliches Basilikum verwendet, den Limettensaft durch Zitronensaft ersetzen.*

Clementinen-Sternanis-Sorbet

Anisartig

Diese zarte, doch vollaromatische Kreation ist wirklich einzigartig.

Ergibt 500 ml

250 ml **Wasser**
100 g **Streuzucker**
3 **ganze Sternanisfrüchte**
1 **Vanillestange**
500 ml **frischer Clementinensaft**
1 Prise **Salz**

Das Wasser, den Zucker und den Sternanis in einen Topf mit schwerem Boden geben. Die Vanillestange längs halbieren, ebenfalls in den Topf geben. Die Mischung zum Kochen bringen, dann fünf Minuten lang köcheln lassen. Den Topf vom Herd nehmen und die Mischung auskühlen lassen.

Die ausgekühlte Mischung abseihen, die Gewürze wegwerfen. Den Sirup in den Clementinensaft einrühren und eine Prise Salz zugeben.

Die Mischung im Speiseeisbereiter entsprechend der Anleitung des Herstellers zu Sorbet rühren lassen. Das fertige Sorbet isst man am besten gleich. Wird es längere Zeit vor dem Verbrauch hergestellt, das Sorbet in einen Gefrierbehälter umfüllen, mit Backpapier oder fettdichtem Papier bedecken und in den Gefrierschrank stellen. 15 Minuten vor dem Servieren aus dem Gefrierschrank nehmen, damit das Sorbet etwas weich wird.

■ *Abwandlung: Anstelle des Clementinensaftes frisch gepressten Orangensaft verwenden.*

Clementinen-Sternanis-Sorbet

Kaffee-Granita

Kaffee-Granita

Mild

Grundlage dieses Rezeptes ist ein Dessert, das man im Zuni Café in San Francisco serviert. Der süße, körnig gefrorene Kaffee, der sich schichtweise mit geschlagener Sahne abwechselt, ergibt ein einfaches, reizvoll kühles Dessert.

Ergibt 6 Portionen à 250 ml

Für die Granita:
200 g **Streuzucker** (oder Menge nach Geschmack)
500 ml **starker Espresso,** ausgekühlt
3 EL **Wasser**

Für die Sahneschicht:
125 ml **Crème double**
2 EL **Streuzucker**

Zur Bereitung der Granita den Zucker langsam zu dem Espresso geben, zwischendurch immer wieder kosten, bis der Espresso sehr süß schmeckt. Das Wasser zugießen und gut verrühren. Die Mischung in eine flache Metallschüssel oder in ein anderes Gefäß gießen, in dem sich die Eiskristalle am besten aufbrechen lassen. Mit Folie bedecken und etwa acht Stunden lang gefrieren lassen, bis die Masse fest ist.

Die hart gefrorene Granita aus dem Gefrierschrank nehmen und mit einem metallenen Teigschaber in kleine, unregelmäßige Stücke zerkleinern. Die Bruchstücke in einen gekühlten luftdicht schließenden Gefrierbehälter umfüllen, und den mit einem Deckel verschlossenen Behälter in den Gefrierschrank stellen.

Den Behälter eine halbe Stunde vor dem Servieren auf den Kopf stellen, damit der Sirup richtig zwischen den Eisstückchen verteilt wird. Gläser, Glasschalen oder andere Gefäße, in denen die Dessertschichten optisch am besten wirken, kalt stellen.

In einer Schüssel die Sahne und den Zucker steif schlagen. Sahne und Granita schichtweise in die Serviergefäße füllen, mit einer Schicht Granita abschließen.

Moosbeerensorbet à la Kosmopolit

Städtisch

Dieses herbe, vornehme Sorbet serviert man am besten in einem Martiniglas und mit einem Schuss Wodka.

Ergibt 600 ml

315 g **Streuzucker**
500 ml **Wasser**
675 g **frische oder gefrorene Moosbeeren** (Tiefkühlware nicht auftauen)
60 ml **Limettensaft**
2 EL **frischer Orangensaft**
Abgeriebene Schale einer Orange

Den Zucker und das Wasser in einem Topf bei mittlerer Wärmezufuhr erhitzen, bis die Flüssigkeit zu kochen beginnt; bis zum Auflösen des Zuckers rühren. Die Moosbeeren zugeben und etwa 10–12 Minuten lang köcheln lassen, bis die Beeren aufplatzen und zusammenfallen. Den Topf vom Herd nehmen, die Beeren in eine Schüssel passieren und dabei leicht mit dem Löffelrücken drücken, damit möglichst viel Saft austritt. Die Flüssigkeit mit dünner Haushaltfolie abdecken, abkühlen lassen und dann in den Kühlschrank stellen.

In den vollständig erkalteten Saft den Limetten- und den Orangensaft sowie die Orangenschale einrühren. In der Eismaschine entsprechend der Anleitung des Herstellers gefrieren und rühren lassen. Das fertige Sorbet sofort servieren oder in einen Gefrierbehälter umfüllen, die Oberfläche mit fettdichtem Papier oder mit Folie bedecken und das Sorbet in den Gefrierschrank stellen.

Das Sorbet 15 Minuten vor dem Servieren aus dem Gefrierschrank nehmen, damit es etwas weich wird. Nach Belieben mit kandierter Zitrusschale (Rezept siehe Seite 163) garnieren.

■ *Abwandlung: Für ein echt kosmopolitisches Sorbet statt Orangensaft Cointreau (Orangenlikör) verwenden. Zusammen mit dem Limetten- und Orangensaft und der Orangenschale eventuell 65 ml Wodka unterrühren; das Gefrieren des Sorbets dauert dann allerdings bis zu zwei Tage. Am besten einen Schuss Wodka auf das fertige Sorbet geben.*

Moosbeerensorbet à la Kosmopolit

Semifreddo-Herzen mit Himbeeren

Semifreddo-Herzen mit Himbeeren

Himmlisch

Dieses Dessert lässt sich sehr einfach und ganz ohne Eismaschine bereiten. Geben Sie dem Semifreddo je nach Anlass unterschiedliche Formen.

Ergibt 10 Herzen

250 g **weiße Schokolade, in Stücke gebrochen**
5 **große Eidotter**
75 g **Streuzucker**
300 g **frische Himbeeren**
100 g **weiße Schokolade, in große Stücke gehackt**
300 ml **Crème double**
1 TL **Vanilleextrakt**

Den Boden und die Seiten der Herzformen mit fettdichtem Papier oder Folie auslegen (falls Sie keine biegsamen Silikonformen verwenden). Die zuerst angegebene Menge weißer Schokolade schmelzen und beiseite stellen. Eine hitzebeständige Schüssel auf einen Topf mit köchelndem Wasser setzen, darin die Eidotter etwa 5 Minuten lang mit dem elektrischen Handmixer zu einer sämigen, hellen Masse verschlagen. Die Schüssel vom Topf nehmen und die Masse weiter schlagen, bis sie ausgekühlt ist. Die Himbeeren, die abgekühlte geschmolzene Schokolade und die großen Schokoladestücke vorsichtig unter die Eigelbmischung ziehen.

Die Sahne mit dem Vanilleextrakt schlagen, bis sie weiche Spitzen bildet. Die Eigelb-Himbeer-Mischung vorsichtig unter die Sahne ziehen; die Beeren dabei möglichst nicht zu sehr quetschen. Die Mischung in die ausgekleideten Formen gießen, die Oberfläche mit einem gesonderten Stück fettdichten Papiers oder Folie bedecken und dann in ruhender Luft gefrieren lassen (siehe Seite 17). Mit frischen Himbeeren servieren.

■ *Das Semifreddo nach Belieben in einer Kastenform bereiten und dann in Scheiben schneiden.*

Unter freiem Himmel

Ein Essen im Freien hat etwas Zauberhaftes an sich. Ob es nun das Picknick am Strand, das Festessen im Garten oder auf einer Terrasse an einem fernen Ort ist, an einem schönen Tag schmeckt das Essen stets besser unter freiem Himmel. Das trifft vor allem dann zu, wenn Sie mit den Speisen etwas Typisches aus Ihrer Umgebung genießen – wie Edelsteine funkelnde Granatapfelkerne in Ägypten, Kiwifrüchte in Neuseeland, Waldheidelbeeren in Nova Scotia oder Kräuter aus dem eigenen Garten. Dann ist das Essen reiner Genuss, den man sich nicht entgehen lassen sollte.

Aber Reisen ist Luxus, und über das Wetter haben wir keine Macht. Selbst wenn die Gartenmöbel draußen stehen, die Sonne scheint und Sie gerade eine kalte Schale mit Zitronen-Salbei-Sorbet in der Hand halten, kann sich der Himmel im Nu mit Wolken überziehen. Doch keine Sorge, lassen Sie sich einfach durch Geschmack und Aroma in eine andere Zeit, in ein anderes Land oder in einen sonnigen Garten versetzen. Eiscreme kann die bezauberndsten Geschmacksrichtungen einfangen, festhalten und fortdauern lassen. Wenn es also regnet, schließen Sie die Augen und genießen Sie Apfel und Rosmarin in gefrorenem griechischen Jogurt oder ein mit Rosenblättern aromatisiertes süßes Sorbet. Sie werden schneller wieder einmal im Freien essen, als Sie denken.

Geschmack aus dem Garten

Eis mit Feigen- und Orangenkaramell

Unwiderstehlich

Es gibt nichts Schöneres als eine Feige frisch vom Baum zu pflücken und zwischen den Zähnen zu zerdrücken. Dieses Eisrezept ist ideal für Zeiten, da es Feigen in Hülle und Fülle gibt.

Ergibt 600 ml

150 g **Streuzucker**
200 g **reife Feigen (etwa 8 Stück),** in Achtel geschnitten
Saft und abgeriebene Schale von zwei Orangen
150 ml **Crème double**
300 ml **Vollmilch**
3 **große Eidotter**

In einer Pfanne mit schwerem Boden die Hälfte (75 g) des Zuckers ohne umzurühren erhitzen, bis der Zucker aufgelöst ist und goldgelb wird. Die Feigenachtel und den Orangensaft zugeben und rühren, bis alles vermischt ist und Blasen bildet. Die Orangenschale und die Sahne hinzufügen und zwei bis drei Minuten lang sprudelnd kochen lassen. Vom Herd nehmen und vollständig erkalten lassen.

In einem Topf mit schwerem Boden die Milch bis knapp zum Siedepunkt erhitzen. Unterdessen in einer hitzebeständigen Schüssel mit dem elektrischen Handmixer die Eidotter mit dem restlichen Zucker zu einer sämigen, hellen Masse verschlagen. Die Schüssel auf einen Topf mit kochendem Wasser setzen und in die Eigelbmischung die erwärmte Milch einrühren. Gelegentlich rühren, bis die Mischung so dickflüssig ist, dass sie an der Rückseite eines Holzlöffel haftet. Die Schüssel vom Topf nehmen und den Inhalt vollständig erkalten lassen.

Die erkaltete Feigenmischung mit der Eiercreme vermengen, in den Speiseeisbereiter füllen und entsprechend der Anleitung des Herstellers zu Eiscreme rühren lassen. Sofort servieren oder in einen Gefrierbehälter umfüllen, die Oberfläche mit fettdichtem Papier bedecken und das Eis in den Gefrierschrank stellen.

Kokoseis

Cremig gut

Kokoseis ist auf jeden Fall etwas für einen heißen Sommertag. Ob im Garten hinter dem Haus, am Strand an der Amalfi-Küste oder auf dem Weg durch eine feuchtheiße Straße in Bangkok – es ist jedes Mal irgendwie genau das Richtige.

Ergibt 600 ml

300 ml **Vollmilch**
60 g **Kokosnusscreme**
100 g **Puderzucker**
4 **große Eidotter**
45 g **Kokosraspel** (nach Belieben)
300 ml **Crème double**

In einem mittelgroßen Topf die Milch bis knapp zum Siedepunkt erhitzen. Die Kokosnusscreme zugeben und rühren, bis die Creme aufgelöst ist. Die warme Kokosmilch durch ein feines Sieb oder ein Musselintuch seihen.

In einer hitzebeständigen Schüssel den Puderzucker und die Eidotter mit dem elektrischen Handmixer zu einer hellen, sämigen Masse schlagen. Die Schüssel auf einen Topf mit köchelndem Wasser setzen und nach und nach die Kokosmilch unterrühren. Gelegentlich rühren, bis die Mischung so dickflüssig ist, dass sie am Rücken eines Holzlöffels haftet. Die Kokosraspel (wenn verwendet) unterrühren und das Ganze vollständig erkalten lassen. Die Sahne unterrühren, die Mischung in die Eismaschine füllen und entsprechend der Anleitung des Herstellers zu Eiscreme rühren lassen. In einen Gefrierbehälter umfüllen, die Oberfläche mit fettdichtem Papier oder mit Folie bedecken und den Behälter in den Gefrierschrank stellen.

■ *Für eine körnigere Textur keine einfachen, sondern geröstete Kokosraspel verwenden. Hinweise zum Rösten von Kokosraspel siehe Seite 20.*

Gefrorener Apfel-Rosmarin-Jogurt

Gaumenputzer

Dieses schneeweiße Dessert mit einer dem Gelato ähnlichen Textur ist zart mit Rosmarin aromatisiert. Der Jogurt verleiht ihm eine leichte Schärfe und macht es zum ultimativen Gaumenputzer.

Ergibt 600 ml

200 ml **Wasser**
300 ml **Apfelsaft**
150 g **Streuzucker**
2–3 **große Zweige Rosmarin**
200 ml **griechischer Jogurt** (fettreich und flüssig)

Das Wasser, den Apfelsaft, den Zucker und die Rosmarinzweige in einem Topf zum Kochen bringen. Die Wärmezufuhr verringern und das Ganze fünf Minuten lang köcheln lassen. Vom Herd nehmen und vollständig erkalten lassen. Anschließend vorsichtig den Jogurt unterschlagen. In der Eismaschine entsprechend der Anleitung des Herstellers zu Eiscreme rühren lassen. Sofort servieren oder in einen Gefrierbehälter umfüllen, die Oberfläche mit fettdichtem Papier oder mit Folie bedecken und das Gefäß in den Gefrierschrank stellen.

Mit kandierten Rosmarinnadeln bestreuen und nach Belieben in Eistüten mit Ahornsirup (Rezept siehe Seite 170) servieren.

■ *Zum Kandieren des Rosmarins die Nadeln von den Zweigen entfernen. In einem Topf 200 g Streuzucker mit 200 ml Wasser aufkochen lassen, bis der Zucker aufgelöst ist. Die Rosmarinnadeln zugeben, die Wärmezufuhr verringern und das Ganze 30 Minuten lang köcheln lassen. Mit einem Schaumlöffel die Nadeln herausheben, auf Küchenpapier legen, abkühlen lassen und danach in 100 g Streuzucker wälzen.*

■ *Zum Aufstellen von Eistüten in Gläsern oder Schüsseln die Gefäße ausreichend hoch mit Farinzucker füllen und die Tüten in den Zucker stecken – die Tüten bleiben aufrecht stehen.*

Gefrorener Apfel-Rosmarin-Jogurt

Minzeeis

Rein

Dieses Minzeeis schmeckt fast wie ein marokkanischer Pfefferminztee. Ganze Eier geben dem Eis eine cremige Textur, und die Schokolade, die nach Belieben hinzugefügt wird, verleiht dem Ganzen eine herrliche Geschmacksstärke. So gut hat frische Minze noch nie geschmeckt.

Ergibt 800 ml

500 ml **Crème double**
250 ml **Vollmilch**
30 g **frische Minzeblättchen**
150 g **Streuzucker**
2 **große Eier**
100 g **Bitterschokolade mit 70% Kakaobestandteilen, gehackt (nach Belieben)**

In einem Mixer oder Püriergefäß die Sahne, die Milch und die frischen Minzeblättchen mixen. Die Flüssigkeit in einen Topf mit schwerem Boden gießen und langsam bis knapp zum Siedepunkt erhitzen. Die Wärmezufuhr verringern und unter gelegentlichem Rühren 7 Minuten lang köcheln lassen. Den Topf vom Herd nehmen, die Flüssigkeit durchseihen und etwas abkühlen lassen.

Inzwischen in einer hitzebeständigen Schüssel die Eier und den Zucker mit dem elektrischen Handmixer zu einer hellen, sämigen Masse verschlagen. Nach und nach die Milch unter die Eiermischung schlagen. Die Schüssel auf einen Topf mit köchelndem Wasser setzen und die Mischung weiterhin rühren, bis sie so dickflüssig ist, dass sie am Rücken eines Holzlöffels haftet. Die Schüssel vom Topf nehmen und die Oberfläche der Eiercreme mit dünner Haushaltfolie oder fettdichtem Papier bedecken, damit keine Haut entsteht. Die Eiercreme vollständig erkalten lassen und anschließend für mindestens eine Stunde in den Kühlschrank stellen.

Die erkaltete Mischung in die Eismaschine füllen und entsprechend der Anleitung des Herstellers rühren lassen. Die Maschine abschalten, ehe das Eis fest ist (in der Regel fünf Minuten vor der Fertigstellung). Die gehackte Schokolade einrühren. Die Eiscreme in einen Gefrierbehälter umfüllen, die Oberfläche mit fettdichtem Papier oder mit Folie bedecken und das Eis in den Gefrierschrank stellen.

Parfait mit Zitrusmarmelade

Würzig

Na ja, so etwas Ähnliches wie ein Parfait. Französische Parfaits sind gefrorene Desserts, die mit Eiscreme bereitet, mit Obst oder Fruchtsäften gesüßt und mit geschlagener Sahne geschichtet werden. Unsere Version verdreht die Regeln ein wenig, denn wir geben geschlagenes Eiweiß zu, damit das Parfait leichter wird, sowie Zitrusmarmelade mit besonders fein geschnittenen Zutaten, die dem Parfait eine raffinierte bittersüße Note gibt.

Ergibt 800 ml

2 **Eiweiße** (siehe Anmerkung Seite 4)
1/4 TL **Weinstein**
2 EL **Streuzucker**
350 ml **Crème double**
300 g **Tangerinen-Orangen-Marmelade oder andere Zitrusmarmelade mit fein geschnittenen Zutaten**
Abgeriebene Schale einer Zitrone
Saft einer halben Zitrone
Abgeriebene Schale einer Tangerine

In einer großen Schüssel die Eiweiße zusammen mit dem Weinstein schlagen, bis der Eischnee weiche Spitzen bildet. Den Zucker zugeben und die Mischung schlagen, bis steife Spitzen entstehen. In einer gesonderten Schüssel die Sahne gerade so lange schlagen, bis sie weiche Spitzen bildet. Die Zitrusmarmelade, die Zitronen- und die Tangerinenschale und den Zitronensaft unterrühren. Die Mischung auf sechs Dessertgläser verteilen und mindestens drei Stunden lang gefrieren lassen. Oder die Mischung in einen Gefrierbehälter füllen, die Oberfläche mit fettdichtem Papier oder mit Folie bedecken und das Ganze gefrieren lassen. Zum Servieren mit einem Löffel in Schalen füllen.

■ *Als besondere Attraktion in Orangenschalen servieren. Dazu sechs Orangen halbieren, aus den unteren Hälften vorsichtig die Fruchtspalten herausnehmen. Die Schalen gefrieren lassen. Das fertige Parfait löffelweise in die Schalen füllen und mit kandierten Zitrusschalen (Rezept siehe Seite 163) servieren.*

Gefrorener Lavendeljogurt

Blumig

Ein cremiger gefrorener Jogurt mit feinem Blumengeschmack, der raffiniert und zugleich beruhigend ist. Servieren Sie diesen Jogurt ohne alles oder mit kandierten Lavendelblüten (Rezept siehe Seite 20).

Ergibt 1 l

200 g **Streuzucker**
200 ml **Wasser**
2 EL **Lavendelblüten**
300 ml **griechischer Jogurt** (fettreich und flüssig)
300 ml **Crème fraîche oder Sauerrahm**
Saft von zwei Limetten

Den Zucker, das Wasser und die Lavendelblüten in einem kleinen Topf mit schwerem Boden zum Kochen bringen, dabei gelegentlich rühren. Die Wärmezufuhr reduzieren und den Sirup zwei Minuten lang köcheln lassen. Vom Herd nehmen und auskühlen lassen. (Keine Sorge, wenn Ihre Küche vom Duft nach Großmutters Seifensammlung beherrscht wird, das Lavendelaroma reift schön aus, wenn die Eismasse gefroren ist.) Den ausgekühlten Sirup durchseihen und die Lavendelblüten wegwerfen.

Den griechischen Jogurt und die Sahne in eine große Schüssel geben. Den Lavendelsirup und den Limettensaft unterschlagen. Die Mischung eine Stunde lang kalt stellen, dann in der Eismaschine entsprechend der Anleitung des Herstellers rühren und gefrieren lassen. Sofort servieren oder in einen Gefrierbehälter umfüllen, die Oberfläche mit fettdichtem Papier oder mit Folie bedecken und das Gefäß in den Gefrierschrank stellen.

■ *Lavendelblüten gibt es in Spezialgeschäften oder Reformhäusern. Kaufen Sie möglichst Lavendel aus biologischem Anbau, ansonsten spülen Sie die Blüten vor der Verwendung ab.*

Gefrorener Lavendeljogurt

Rhabarber-Knuspereis

Cremig-knusprig

In dieser köstlichen Eiscreme ist das Wesen der feinsten Aromen und Texturen eingefangen – in einer Wolke aus süßer Sahne schlummern Himbeeren, Rhabarber und knusprige Butterstreusel.

Ergibt 1 l

Für das Eis:
350 g **Rhabarber,** in 1 cm lange Stücke geschnitten
100 g **frische oder gefrorene Himbeeren** (Tiefkühlware nicht auftauen)
200 g **Streuzucker**
1 EL **Zitronensaft**
450 ml **Crème double**

Für die Knusperstreusel:
75 g **Weizenmehl**
50 g **Haferflocken**
50 g **Butter**
50 g **brauner Zucker**
1/2 TL **Ingwerpulver**

Den Herd auf 190 °C vorheizen.

Den Rhabarber, die Himbeeren, den Zucker und den Zitronensaft zusammen in eine große, flache Backform geben, in den Herd stellen und 20 Minuten oder so lange backen, bis das Obst weich ist. Abkühlen lassen und danach glatt rühren.

In einer Schüssel die Streuselzutaten mit den Händen zu groben Bröseln verkneten. Die Brösel in eine Backform füllen und im Herd zehn Minuten oder so lange, bis sie goldgelb sind, stehen lassen. Aus dem Herd nehmen und in kleine Stücke zerkrümeln. Auskühlen lassen.

In einer großen Schüssel die Sahne und das Obstpüree mischen. In der Eismaschine entsprechend der Anleitung des Herstellers zu Eiscreme rühren lassen. Das fertige Eis und die Knusperstreusel in wechselnden Schichten in einen Gefrierbehälter füllen. Ein stumpfes Messer vorsichtig in Spiralen durch die Schichten ziehen und dabei die Streusel in der Eismasse verteilen. Die Oberfläche der Masse mit fettdichtem Papier oder mit Folie bedecken und das Eis mindestens drei Stunden lang gefrieren lassen.

Ananaseis

Tropisch

Sehr gut!

Wir haben mit verschiedenen Versionen von Ananaseis experimentiert – Melasse und Kardamom oder braunen Zucker und Limette zugegeben. Doch am Ende und mit Leichtigkeit hat das schlichte, gute alte Ananaseis gewonnen.

Ergibt 800 ml

Vanilleeismasse (Rezept siehe Seite 26), bis zur Eiercreme-Stufe für 800 g Eis fertig gestellt, ohne Vanillestange
1 Ananas
Saft einer Limette
3–4 EL Rum

Die Vanilleeismasse bis zur Eiercreme-Stufe herstellen (wenn die Mischung am Rücken eines Holzlöffels haftet). Die Eiercreme in den Kühlschrank stellen. Inzwischen Ananaspüree bereiten. Dazu die Enden der Ananas abschneiden, dann die Frucht schälen und den holzigen Kern entfernen. Die Ananas grob zerkleinern, die Stücke zusammen mit dem Saft von der Schneidunterlage in eine Schüssel geben. Mit dem Pürierstab oder im Mixer pürieren. (Keine Sorge, wenn am Schluss erbsengroße Stückchen bleiben, sie geben dem Eis Textur und Charakter.)

Die Eiercreme aus dem Kühlschrank nehmen. Das Ananaspüree und den Limettensaft unterrühren und das Ganze im Speiseeisbereiter entsprechend der Anleitung des Herstellers zu Eiscreme rühren lassen. Sofort servieren oder in einen Gefrierbehälter umfüllen, die Oberfläche mit fettdichtem Papier oder mit Folie bedecken und das Eis in den Gefrierschrank stellen.

Gefrorener Quitten-Ziegenmilchjogurt

Herb

Die Quitte ist eine Verwandte des Apfels und der Birne, ist zum Rohverzehr jedoch zu sauer. Erhitzte Früchte dagegen haben ein köstliches Aroma und nehmen eine hübsche rosa Färbung an. Quitten verzehrt man meist als Konserve. Quittengelee schmeckt köstlich zu Käse und ist gleichermaßen delikat, wenn es mit Ziegenmilchjogurt kombiniert und gefroren ist.

Ergibt 1 l

200 g **Quittengelee**
100 ml **Apfelsaft**
2 EL **heller Honig**
300 ml **Ziegenmilchjogurt**
300 ml **Crème fraîche oder Sauerrahm**
Saft einer Zitrone

In einem kleinen Topf mit schwerem Boden das Quittengelee, den Apfelsaft und den Honig zum Kochen bringen, dabei ab und zu rühren. Die Wärmezufuhr verringern und die Flüssigkeit zwei Minuten lang köcheln lassen. Vom Herd nehmen und abkühlen lassen.

Den Jogurt und die Crème fraîche in eine große Schüssel geben. Den Quittensirup unterschlagen und den Zitronensaft zugeben. Die Mischung eine Stunde lang kalt stellen, dann in der Eismaschine entsprechend der Anleitung des Herstellers rühren und gefrieren lassen. Sofort servieren oder in einen Gefrierbehälter umfüllen, die Oberfläche mit fettdichtem Papier oder mit Folie bedecken und das Gefäß in den Gefrierschrank stellen.

■ *Quittengelee bekommt man in den meisten Feinkostgeschäften.*

Zitronenblätter-Kokos-Eis

Zitronengeschmack

Indonesische Zitronenblätter, die Blätter der Kaffirzitrone, die in Südostasien und auf Hawaii beheimatet ist, verleihen asiatischen Gerichten ein einzigartiges Zitrusaroma. Hier dienen sie zum Aromatisieren einer einmaligen Eiscreme.

Ergibt 700 ml

100 g **Streuzucker**
100 g **Palmzucker oder brauner Zucker**
200 ml **Wasser**
10 **Indonesische Zitronenblätter,** grob zerpflückt
1 Büchse (400 ml) **Kokosmilch**
250 ml **Crème double**
Saft einer Zitrone

In einem kleinen Topf mit schwerem Boden die beiden Zuckerarten, das Wasser und die Blätter zum Kochen bringen, dabei ab und an rühren. Die Wärmezufuhr verringern und den Sirup zwei Minuten lang köcheln lassen. Vom Herd nehmen und auskühlen lassen. Den ausgekühlten Sirup durchseihen und die zerpflückten Blätter wegwerfen.

Die Kokosmilch und die Sahne in eine große Schüssel geben. Den Sirup und den Zitronensaft unterschlagen. Die Mischung eine Stunde lang kalt stellen, dann in der Eismaschine entsprechend der Anleitung des Herstellers zu Eiscreme rühren lassen. Sofort servieren oder in einen Gefrierbehälter umfüllen, die Oberfläche mit fettdichtem Papier oder mit Folie bedecken und das Eis in den Gefrierschrank stellen.

■ *Indonesische Zitronenblätter gibt es frisch oder getrocknet in Asiamärkten. Die Blätter am besten in einem luftdicht schließenden Gefäß im Gefrierschrank aufbewahren.*

Rosenblütensorbet

Orientalisch

Ein Sorbet aus Schaumwein und Rosenblüten – der perfekte Abschluss eines romantischen Essens.

Ergibt 750 ml

2 EL **getrocknete Rosenblütenblätter aus biologischem Anbau**
200 g **Streuzucker**
750 ml **Wasser**
3 EL **Zitronensaft**
250 ml **Schaumwein (z. B. Cava)**
1 EL **Rosenwasser** (oder Menge nach Geschmack)

Die Rosenblütenblätter, den Zucker und 250 ml Wasser in einem Topf mit schwerem Boden bei mittelstarker Wärmezufuhr zum Kochen bringen und fünf Minuten lang köcheln lassen. Vom Herd nehmen und vollständig erkalten lassen.

Den erkalteten Sirup durch ein Sieb in eine große Schüssel oder einen Messbecher seihen, die Blütenblätter wegwerfen. Die übrigen Zutaten einschließlich des restlichen Wassers zugeben, dabei das Rosenwasser nach Geschmack hinzufügen. In der Eismaschine entsprechend der Anleitung des Herstellers rühren lassen, bis die Flüssigkeit gefroren ist. Sofort servieren oder in einen Gefrierbehälter umfüllen, mit fettdichtem Papier oder Backpapier bedecken und das Sorbet in den Gefrierschrank stellen. 15 Minuten vor dem Servieren aus dem Gefrierschrank nehmen, damit das Sorbet etwas weich werden kann.

■ *Kaufen Sie getrocknete Rosenblütenblätter in einem Bioladen, ansonsten nehmen Sie 50 g frische Bio-Rosenblütenblätter (zur Sicherheit aus dem eigenen Garten, damit keine Pestizide in das Sorbet gelangen). Bekommen Sie keine Bio-Rosenblüten, aromatisieren Sie das Sorbet einfach mit Rosenwasser. Für das richtige Aroma reichen 2–4 EL.*

Rosenblütensorbet

Melonen-Chili-Sorbet

Pikant

Die Mexikaner mögen paletas als Abkühlung. Diese „kleinen Schaufeln“, wie sie aus dem Spanischen übersetzt heißen, sind gefrorene Leckerbissen am Stiel. Manche sind cremig, mit Milch und Obst oder Beeren bereitet, andere sind körnig und mit herb schmeckenden Früchten oder Chilis aromatisiert. Zu der letztgenannten Art gehört unser Sorbet mit süßer Melone und einer Spur Chili. Diese Erfrischung mit dem überraschenden Hauch von Hitze ist schnell und einfach herzustellen.

Ergibt 750 ml

1 **Zuckermelone**
60 g **Streuzucker**
Saft von zwei Zitronen
1 **rote Chilischote** ohne Stiel und Kerne

Die Melone aufschneiden, Kerne und Schale entfernen und das Fruchtfleisch klein schneiden. Sämtliche Zutaten im Mixer oder mit dem Pürierstab zu einer glatten Masse pürieren. Die Mischung eine Stunde lang kalt stellen, dann in der Eismaschine entsprechend der Anleitung des Herstellers rühren und gefrieren lassen.

Sorbets am besten direkt aus dem Eisbereiter portionieren, ansonsten in einen Gefrierbehälter umfüllen und in den Gefrierschrank stellen. Das tiefgefrorene Sorbet vor dem Servieren etwa 15 Minuten lang etwas weich werden lassen, damit es seine typische, an Schneematsch erinnernde Textur zurückerhält.

■ *Verwenden Sie für dieses Rezept frische rote Chilis. Wissen Sie nicht, wie scharf die Schoten sind, geben Sie sie nach und nach zu und kosten Sie zwischendurch immer wieder. Die Schärfe verringert sich durch das Gefrieren.*

Birnen-Lorbeer-Sorbet

Winterfrisch

Endlich kann das ruhmreiche Lorbeerblatt seinem Status als Würze pikanter Speisen entfliehen und sich als Stargast in einem süßen, erfrischenden Sorbet präsentieren. Sein Aroma ist frisch, doch winterlich, was sich prima mit den Birnen verträgt. Verwenden Sie hier nach Möglichkeit frische Lorbeerblätter, denn deren Aroma ist intensiver als das getrockneter Blätter.

Ergibt 800 ml

2 kg **reife Birnen**
375 ml **Wasser**
200 g **Streuzucker**
10–12 **frische Lorbeerblätter**
2 EL **Zitronensaft**

Die Birnen schälen, vom Kerngehäuse befreien, klein schneiden und mit 250 ml Wasser in einen Topf geben. Bei mittlerer Wärmezufuhr langsam köcheln lassen, bis die Birnenstücke zusammenfallen und sich im Wasser aufzulösen beginnen. Die Birnenstücke pürieren und zum Auskühlen beiseite stellen.

Inzwischen das restliche Wasser mit dem Zucker und den Lorbeerblättern in einen Topf mit schwerem Boden geben, bei mittlerer Wärmezufuhr zum Kochen bringen und dann fünf Minuten lang köcheln lassen. Den Topf vom Herd nehmen, den Inhalt auskühlen und durchziehen lassen. Den Sirup durchseihen und die Lorbeerblätter wegwerfen.

Den Sirup und den Zitronensaft unter die pürierten Birnen rühren und die Mischung mindestens eine Stunde lang kalt stellen. In der Eismaschine entsprechend der Anleitung des Herstellers rühren und gefrieren lassen. Sofort servieren oder in einen Gefrierbehälter umfüllen, die Oberfläche mit fettdichtem Papier oder mit Folie bedecken und das Sorbet in den Gefrierschrank stellen. 15 Minuten vor dem Servieren aus dem Gefrierschrank nehmen, damit das Sorbet etwas weich werden kann.

■ *Dieses Sorbet schmeckt sehr gut mit warmem Lebkuchen oder als Dessert nach einem herzhaften winterlichen Essen.*

Geranienblatt-Sorbet

Duftend

Die Blätter von Duftgeranien geben einen charakteristischen Wohlgeruch ab, wenn man sie im Vorübergehen streift. Hier ist jener Duft aus dem Blumengarten in einem feinen Sorbet einfangen. Verwenden Sie keine Blätter von chemisch behandelten Pflanzen; ist die Herkunft unklar, waschen Sie die Blätter gründlich.

Ergibt 750 ml

200 g **Streuzucker**
300 ml **Wasser**
3–5 **Blätter von Duftgeranien**
2 EL **Zitronensaft**
Geranienblätter zum Garnieren

Den Zucker, das Wasser und die Geranienblätter in einem Topf mit schwerem Boden zum Kochen bringen. Die Wärmezufuhr verringern und das Ganze fünf Minuten lang köcheln lassen. Den Topf vom Herd nehmen und die Flüssigkeit vollständig erkalten lassen, damit das Aroma lange genug einziehen kann.

Den Sirup in einen 1-Liter-Messbecher seihen, die Blätter wegwerfen. Den Sirup auf 750 ml mit Wasser auffüllen. Die Mischung muss süß und vollaromatisch schmecken; nach Geschmack noch mehr Wasser zugeben, falls das Aroma (je nach Geranienart) zu stark ist. In der Eismaschine entsprechend der Anleitung des Herstellers rühren und zu Sorbet gefrieren lassen. Sofort servieren oder in eine Eisform umfüllen und in den Gefrierschrank stellen. Vor dem Servieren auf jeden Eislutscher mit einem Tupfer Wasser ein Geranienblatt kleben. Für zehn Minuten nochmals in den Gefrierschrank stellen, dann servieren.

■ *Geranienblätter gibt es in unterschiedlichen Duftnoten von Zitrone bis Rose, die alle ein köstliches Sorbet ergeben.*

Geranienblatt-Sorbet

Granatapfelsorbet

Verführerisch

Das Zutagefördern der kleinen rubinroten Kerne aus einem Granatapfel hat etwas von der Spannung an sich, die Geologen erfasst, wenn sie in die Tiefen der Erde vordringen. Sie müssen bei diesem Sorbet zwar viel „Grabungsarbeit" leisten, doch das funkelnde Ergebnis lohnt den Aufwand.

Ergibt 700 ml

6 **Granatäpfel**
75 g **Streuzucker**
1 EL **goldgelber Flüssigzucker**
75 ml **Wasser**
2 EL **Zitronensaft**

Die Granatäpfel vierteln. Die Schale der einzelnen Viertel halb abziehen und die Kerne in eine Schüssel fallen lassen. Die Reste der bitteren weißen Membranen entfernen. Die Kerne im Mixer zerkleinern, anschließend den Fruchtbrei durch ein feines Musselintuch in eine Schüssel drücken oder den Brei in kleinen Portionen durch ein feines Sieb streichen, so dass Sie am Ende ca. 700 ml Saft haben.

Inzwischen den Streuzucker, den Flüssigzucker und das Wasser in einem kleinen Topf mit schwerem Boden zum Kochen bringen und dann fünf Minuten lang köcheln lassen. Den Topf vom Herd nehmen und den Inhalt auskühlen lassen.

Den ausgekühlten Sirup in den Granatapfelsaft gießen, dann den Zitronensaft unterrühren. Die Mischung zugedeckt zwei Stunden lang kalt stellen. In der Eismaschine entsprechend der Anleitung des Herstellers zu Sorbet rühren lassen. Sofort servieren oder in einen Gefrierbehälter umfüllen, die Oberfläche mit fettdichtem Papier oder mit Folie bedecken und das Sorbet in den Gefrierschrank stellen.

■ *Granatapfelsorbet in der Fruchtschale servieren: 4 Granatäpfel halbieren, mit einem Teelöffel die Kerne herausholen und die bitteren Zwischenhäute wegwerfen. Die unteren Hälften der Früchte in den Gefrierschrank setzen. Die restlichen Granatäpfel wie im Rezept angegeben aufschneiden. Die gefrorenen Fruchtschalen löffelweise mit Sorbet füllen.*

Granatapfelsorbet

Zitronencremeeis

Würzig

Dieses Eis ist schnell gemacht, wenn sich in letzter Minute Gäste angesagt haben. Sie brauchen nur genug Zeit um die Masse gefrieren zu lassen, doch die eigentlichen Vorbereitungen dauern überhaupt nicht lange. Hübsch sieht die Eiscreme aus, wenn man sie mit kandierter Zitronen- oder Limettenschale (Rezept siehe Seite 163) serviert.

Ergibt 600 ml

300 ml **Crème double**
300 ml **Zitronencreme** (Rezept siehe Seite 165)

Die Sahne schlagen, bis sie weiche Spitzen bildet. Die Zitronencreme zugeben und beides gut miteinander verschlagen. Die Masse in einen Gefrierbehälter umfüllen und mindestens sechs Stunden lang in ruhender Luft gefrieren lassen (siehe Seite 17).

■ *Abwandlung: Zur Abwechslung anstelle von Zitronencreme Limetten-, Orangen- oder Pampelmusencreme verwenden.*

■ *Die Eisportionen in kleinen aufgeschnittenen Brioches (siehe Abbildung), auf einem getoasteten Brioche oder auf Scheiben von italienischem Weihnachtskuchen (Panettone) servieren.*

■ *Etwas Fruchtfleisch von einer Passionsfrucht auf den Eisportionen schmeckt köstlich!*

Zitronencremeeis

Zitronen-Salbei-Sorbet

Kräuterartig

Nach einem italienischen Essen mit Pasta und Rotwein ist das Zitronen-Salbei-Sorbet ein erfrischender Gaumenputzer.

Ergibt 800 ml

400 g **Streuzucker**
900 ml **Wasser**
12 **Salbeiblätter**
Saft und Schale von 3 Zitronen,
Schale in lange Streifen geschnitten

Den Zucker, das Wasser, die Salbeiblätter und die in Streifen geschnittene Zitronenschale in einem Topf zum Kochen bringen. Die Wärmezufuhr verringern und das Ganze 20 Minuten lang köcheln lassen. Den Sirup über Nacht im Kühlschrank kalt werden, die Zitronenschale und den Salbei in der Flüssigkeit ziehen lassen. Danach Zitronenschale und Salbeiblätter aus dem Sirup nehmen. Den Zitronensaft durchseihen und zu dem Sirup geben.

Die Flüssigkeit in der Eismaschine entsprechend der Anleitung des Herstellers etwa 20 Minuten lang zu Sorbet rühren lassen. Sofort servieren oder in einen Gefrierbehälter umfüllen, die Oberfläche mit fettdichtem Papier oder mit Folie bedecken und das Sorbet in den Gefrierschrank stellen.

15 Minuten vor dem Servieren aus dem Gefrierschrank nehmen, damit das Sorbet etwas weich werden kann.

■ *Für einen erfrischenden Aperitif zwei Löffel Zitronen-Salbei-Sorbet in ein Champagner- oder Cocktailglas geben und mit Wodka oder Limoncello (italienischem Zitronenlikör) übergießen.*

Mango-Basilikum-Granita

Körnig

Diese Granita ist eine interessante Kombination aus Mango und Basilikum. Servieren Sie sie in Schalen und bestreuen Sie die Portionen mit streifig geschnittenen Basilikumblättern.

Ergibt 800 ml

800 g **Mangofruchtfleisch**
100 g **Streuzucker**
60 ml **Wasser**
Saft einer Zitrone
6 – 8 **große Basilikumblätter,** klein geschnitten

Sämtliche Zutaten in die Küchenmaschine geben und 2 – 3 Minuten lang zu einer glatten Masse pürieren, dabei die an den Seiten haftenden Fruchtstücke nötigenfalls zwei- oder dreimal mit einem Spatel abkratzen. Die Mischung in einen Gefrierbehälter füllen und ohne Abdeckung eine bis zwei Stunden oder so lange gefrieren lassen, bis die Kristallbildung einsetzt.

Die Granita aus dem Gefrierschrank nehmen, mit einer Gabel die Eiskristalle aufbrechen. Wieder in den Gefrierschrank stellen und den Arbeitsgang zwei Stunden lang alle 30 Minuten wiederholen. Zum Schluss die Granita im Gefrierschrank fest werden lassen. 20 Minuten vor dem Servieren aus dem Gefrierschrank herausnehmen.

■ *Abwandlung: Schmeckt auch sehr gut mit Minze; anstelle des Basilikums einfach 6 – 8 Minzeblätter verwenden.*

Rhabarber-Ingwer-Sorbet

Reinigend

Wussten Sie, dass Rhabarber botanisch gesehen zu den Gemüsen zählt? Die essbaren Teile der Rhabarberstaude sind die knackigen grün-rosaroten Blattstiele. Die Blätter müssen vor dem Kochen entfernt werden, denn sie enthalten die giftige Oxalsäure.

Ergibt 600 ml

600 g **Rhabarber,** in 2 cm lange Stücke geschnitten
250 g **Streuzucker**
300 ml **Wasser**
1 Stück **Ingwerwurzel,** 2 cm lang, geschält und fein gerieben
Saft einer Zitrone

Sämtliche Zutaten in einem Topf zum Kochen bringen. Zugedeckt etwa fünf Minuten lang köcheln lassen, bis der Rhabarber weich ist. Etwas abkühlen lassen und dann in die Küchenmaschine schütten. Die Mischung rühren, bis alles gut vermengt ist, aber noch Textur besitzt.

In der Eismaschine entsprechend der Anleitung des Herstellers zu Sorbet rühren lassen. In einen Gefrierbehälter umfüllen und die Oberfläche mit fettdichtem Papier oder mit Folie bedecken. Über Nacht gefrieren lassen.

15 Minuten vor dem Servieren aus dem Gefrierschrank nehmen, damit das Sorbet etwas weich werden kann.

■ *Abwandlung: Für Rhabarber-Zimt-Sorbet, eine ebenfalls großartige Zusammenstellung, den Ingwer nach Belieben weglassen oder einfach 2 TL Zimt zusätzlich zugeben.*

■ *Das Sorbet zur Rhabarbersaison bereiten – es hat dann eine herrliche rosa Farbe.*

Rhabarber-Ingwer-Sorbet

Passionsfrucht-Sorbet

Duftend

Lassen Sie die Kerne dieser duftenden Früchte im Sorbet, wenn Sie ein wenig Biss und Textur mögen; ist Ihnen eine cremige Version ohne Fruchtbrei lieber, passieren Sie den Sirup durch ein feines Sieb, ehe sie die Sorbetmischung in die Eismaschine geben.

Ergibt 600 ml

20 **Passionsfrüchte,** Fruchtfleisch samt Kernen
600 ml **Wasser**
200 g **Streuzucker**
Saft von 2 Limetten

Das Passionsfruchtfleisch, das Wasser, den Zucker und den Limettensaft in einem großen Topf mischen und so lange rühren, bis der Zucker aufgelöst ist. Die Mischung zum Kochen bringen, dann bei reduzierter Wärmezufuhr fünf Minuten lang köcheln lassen. Den Sirup vollständig erkalten lassen.

In der Eismaschine entsprechend der Anleitung des Herstellers zu Sorbet rühren lassen. Sofort servieren oder in einen Gefrierbehälter umfüllen, die Oberfläche mit fettdichtem Papier oder mit Folie bedecken und cas Sorbet in den Gefrierschrank stellen.

15 Minuten vor dem Servieren aus dem Gefrierschrank nehmen, damit das Sorbet etwas weich werden kann.

■ *Kredenzen Sie diese Köstlichkeit einmal zusammen mit anderen Sorbets – beispielsweise Lemongras-Sorbet (Rezept siehe Seite 70) und Himbeersorbet mit Indonesischen Zitronenblättern (Rezept siehe Seite 55).*

Passionsfrucht-Sorbet

Orangen-Mohn-Sorbet

Süß

Wenn Sie Sorge haben, dass Ihnen die Mohnkörnchen zwischen den Zähnen stecken bleiben, lassen Sie diese Zutat ruhig weg. Das erfrischende Orangensorbet ist auch für sich genommen etwas Köstliches, besonders wenn es mit rösch gebackenen Mandelkeksen serviert wird.

Ergibt 600 ml

300 ml **frisch gepresster Orangensaft,** abgeseiht
Saft einer Zitrone
300 ml **Wasser**
300 g **Streuzucker**
1 EL **Orangenblütenwasser** (nach Belieben)
1 1/2 EL **Mohnsamen**

Sämtliche Zutaten außer dem Mohn in einem Topf zum Kochen bringen. Bei verringerter Wärmezufuhr fünf Minuten lang köcheln lassen, den Topf dabei nicht zudecken. Die Mischung vollständig erkalten lassen, dann die Mohnsamen unterrühren.

Im Speiseeisbereiter entsprechend der Anleitung des Herstellers etwa 30 Minuten oder so lange rühren lassen, bis die Masse gefroren ist. In einen Gefrierbehälter umfüllen, die Oberfläche mit fettdichtem Papier oder mit Folie bedecken und das Sorbet in den Gefrierschrank stellen.

15 Minuten vor dem Servieren aus dem Gefrierschrank nehmen, damit das Sorbet etwas weich werden kann.

■ *Abwandlung: Damit dieses Sorbet eine kräftige Farbe bekommt, Blutorangen verwenden, wenn diese Saison haben. Nach Belieben einem Zitronensorbet Mohnsamen zugeben.*

Kiwisorbet

Gaumenputzer

Kiwis besitzen, auch wenn sie bereits reif sind, einen leicht sauren Beigeschmack. Wie süß die Früchte eigentlich sind, wird uns erst richtig bei einem Kiwisorbet bewusst. Mitunter ist die Farbe am Ende etwas heller als erwartet, doch der Geschmack ist trotzdem köstlich.

Ergibt 750 ml

500 g **reife Kiwifrüchte** (etwa 8 Stück)
150 g **Streuzucker**
300 ml **Wasser**
Saft einer Zitrone
2 **Eiweiß** (siehe Anmerkung Seite 4),
mit einer Gabel leicht geschlagen

Die Kiwis, den Zucker, das Wasser und den Zitronensaft in einem großen Topf zum Kochen bringen. Bei verringerter Wärmezufuhr ohne Deckel fünf Minuten oder so lange köcheln lassen, bis die Früchte weich sind. Etwas abkühlen lassen, dann in die Küchenmaschine umfüllen und zu einer glatten Masse pürieren. Vollständig erkalten lassen.

In der Eismaschine entsprechend der Anleitung des Herstellers zehn Minuten lang rühren lassen, dann die leicht geschlagenen Eiweiße zugeben. Weiter rühren lassen, bis die Masse gefroren ist, dann sofort servieren oder in einen Gefrierbehälter umfüllen, die Oberfläche mit fettdichtem Papier oder mit Folie bedecken und das Sorbet in den Gefrierschrank stellen.

15 Minuten vor dem Servieren aus dem Gefrierschrank nehmen, damit das Sorbet etwas weich werden kann.

■ *Kiwi mit gelbem Fruchtfleisch eignen sich ebenso gut wie grüne.*

Gefrorener Holunder-Veilchen-Jogurt

Fein

Die Essenz von Holunderbeeren, gepaart mit der knusprigen Süße kandierter Veilchen macht dieses Dessert zu einem Eis in elegantem viktorianischen Stil. Kandierte Veilchen kauft man in Spezialgeschäften oder stellt sie selbst her (Rezept siehe Seite 20).

Ergibt 1 l

200 ml **Elderflower Cordial (gezuckertes Holundersaftkonzentrat)**
100 ml **Wasser**
300 ml **griechischer Jogurt (flüssig und fettreich)**
300 ml **Crème fraîche oder Sauerrahm**
Saft einer Zitrone
75 g **kandierte Veilchen**

Das Holundersaftkonzentrat und das Wasser in einem kleinen Topf mit schwerem Boden zum Kochen bringen, dabei ab und zu rühren. Bei verringerter Wärmezufuhr 3 – 5 Minuten oder so lange köcheln lassen, bis die Flüssigkeit zu einem dünnen Sirup eingekocht ist. Vom Herd nehmen und auskühlen lassen.

Den Jogurt und die Crème fraîche in einer großen Schüssel mischen. Den Sirup und den Zitronensaft unterschlagen. Die Mischung eine Stunde lang kalt stellen, dann in der Eismaschine entsprechend der Anleitung des Herstellers rühren lassen.

Drei Viertel der kandierten Veilchen in kleinere Stücke schneiden, den Rest zum Garnieren des fertigen Jogurts beiseite stellen. Knapp bevor der Jogurt fest wird (in der Regel fünf Minuten vorher), die klein geschnittenen Veilchen unter die Masse rühren und die Eismaschine weiter rühren lassen, bis die Masse richtig gefroren ist.

Sofort servieren oder in einen Gefrierbehälter umfüllen, die Oberfläche mit fettdichtem Papier oder mit Folie bedecken und das Ganze in den Gefrierschrank stellen.

Vor dem Servieren mit den restlichen kandierten Veilchen garnieren.

Gefrorener Holunder-Veilchen-Jogurt

Zitronen-Buttermilch-Scherbett

Herb

Buttermilch ist entgegen ihrer Bezeichnung eine fettarme Alternative zu Milch. Sie ist im Geschmack etwas saurer und weniger süßlich als Milch, was Gefrorenem mit Buttermilch eine wunderbare Qualität verleiht. Leider hebt die Sahne die gesundheitsfördernden Eigenschaften der Buttermilch in diesem Rezept auf, doch die Synthese dieser beiden Zutaten ist es wert.

Ergibt 900 ml

300 ml **frischer Zitronensaft (ca. 5–7 Zitronen)**
300 g **Streuzucker**
180 ml **Buttermilch**
375 ml **Crème double**
125 ml **goldgelber Flüssigzucker**
1/4 TL **Salz**

In einem Topf mit schwerem Boden den Zitronensaft bei mittlerer Wärmezufuhr erhitzen und in etwa 15 Minuten auf die Hälfte einkochen lassen. Den Zucker zugeben und rühren, bis dieser aufgelöst ist. Vom Herd nehmen und auskühlen lassen.

Die Buttermilch, die Sahne, den Flüssigzucker und das Salz in den Zitronensirup einrühren, die Flüssigkeit mindestens zwei Stunden lang kalt stellen. In der Eismaschine entsprechend der Anleitung des Herstellers rühren lassen, dann in einen Gefrierbehälter umfüllen, die Oberfläche mit fettdichtem Papier oder mit Folie bedecken und das Scherbett in den Gefrierschrank stellen.

Nach Belieben mit kandierter Zitrusschale garnieren (Rezept siehe Seite 163).

■ *Ist keine Buttermilch zur Hand, 1 EL Zitronensaft oder hellen Essig mit 250 ml Milch verrühren und fünf Minuten stehen lassen. Die gesäuerte Milch schmeckt ähnlich wie Buttermilch.*

Zitronen-Buttermilch-Scherbett

Eis für Kinderfeste

Es ist ein warmer, sonniger Tag. Der Gefrierschrank ist mit den Früchten Ihrer Arbeit gefüllt – mit Schoko-Lamington-Eis, gefrorenem Jogurt mit Früchten und Eislutschern. Die Vögel singen und Ihr Garten steht in voller Blüte. Die Kulisse für das Geburtstagsfest Ihres Kindes steht.

Bei Kinderfesten geht es um Spiel und Spaß, und Eiscreme erfüllt bei diesen Gelegenheiten stets die Erwartungen. Vergessen Sie das übliche Tafelservice mit Tellern für Eis und matschigen Kuchen. Kinder wollen Trubel und Klamauk. Beteiligung. Etwas kreieren. Durcheinander. Lassen Sie die Kinder Eis in Waffeltüten mit Liebesperlen oder andere Süßigkeiten garnieren. Servieren Sie kleine Sandwiches aus Eis und Keksen und beobachten Sie, wie die kleinen Gäste die Füllung aufschlecken und an den Keksen knabbern. Kredenzen Sie bunte Eislutscher in unterschiedlichen Geschmacksrichtungen, deren Schichten eine nach der anderen verschwinden. Füllen Sie Eiscreme mit Karamell-Brownies in Pappbecher. Die Brownies sind die Goldnuggets, die darauf warten, ausgegraben zu werden. Dann natürlich die Hauptattraktion, die nicht zu schlagen ist: 12 Portionen Eis, 12 Garnierungen, ein Berg von Schlagsahne und 12 kleine Löffel. Das ist garantiert jedes Mal ein Erfolg.

Eis macht Spaß. Es beschwört Erinnerungen herauf. Es bekleckert alles. Es bringt Feste zu Stande.

und jung gebliebene Herzen

Schoko-Lamington-Eis

Kokosgeschmack

Lamingtons sind traditionelle Leckerbissen, die man in Neuseeland zum Tee reicht: Einfacher Bisquit, der in eine Schokoladensauce getunkt und dann in Kokosraspel gestippt wird. In unserer Version haben wir die Lamingtons in Vanilleeis verwandelt, das mit Schokoladen-Kokos-Sauce üppig marmoriert ist.

Ergibt 600 ml

150 ml **Schokoladen-Karamell-Sauce** (Rezept siehe Seite 164)
45 g **Kokosraspel**
300 ml **Vollmilch**
150 g **Streuzucker**
4 **große Eidotter**
200 ml **Crème double**

Die Sauce und die Kokosraspel in einer kleinen Schüssel mischen und beiseite stellen.

In einem Topf die Milch bis knapp zum Siedepunkt erhitzen. In einer hitzebeständigen Schüssel den Zucker und die Eidotter mit dem elektrischen Handmixer zu einer sämigen, hellen Masse schlagen. Die Schüssel auf einen Topf mit köchelndem Wasser setzen und die Milch unterrühren. Die Mischung ab und zu rühren, bis sie so dickflüssig ist, dass sie am Rücken eines Holzlöffels haftet. Den Topf vom Herd nehmen und vollständig erkalten lassen.

In die erkaltete Mischung die Sahne einrühren und das Ganze in der Eismaschine entsprechend der Anleitung des Herstellers etwa 20 Minuten lang zu Eis rühren lassen. Die Hälfte der fertigen Eiscreme in einen Gefrierbehälter umfüllen. Die Hälfte der Schokoladen-Kokos-Sauce löffelweise wahllos auf dem Eis verteilen. Mit dem Rest der Eiscreme und der Schokoladen-Kokos-Sauce bedecken. Zum Marmorieren ein stumpfes Messer drei- bis viermal in Spiralen durch das Eis ziehen. Die Eisoberfläche mit fettdichtem Papier oder mit Folie bedecken und das Eis über Nacht in den Gefrierschrank stellen.

Schoko-Lamington-Eis

Bananen-Toffee-Eis

Cremig

Kennen Sie Banoffee-Kuchen, einen Hochgenuß mit Bananen, Toffee, Sahne und einem Hauch Kaffee? Hier ist eine kinderfreundliche Version ohne Kaffee, die den beliebten Kuchen in eine Eiscreme verwandelt.

Ergibt 750 ml

100 g **Bananen,** geschält
Saft einer Zitrone
100 ml **Crème double**
1 TL **Vanilleextrakt**
150 ml **Sauerrahm**
1 Büchse (400 ml) **gezuckerte Kondensmilch,** karamellisiert (Rezept siehe Seite 20)
30 g **Bitterschokolade,** geraspelt (nach Belieben zugeben)

Die Banane und den Zitronensaft in der Küchenmaschine zu einer glatten Masse pürieren. Die Sahne zusammen mit dem Vanilleextrakt schlagen, bis sie weiche Spitzen bildet. Den Sauerrahm und die karamellisierte Kondensmilch zugeben und alles gut miteinander verschlagen. Die Banane und nach Belieben die Schokolade unterrühren und die Mischung in einen Gefrierbehälter füllen. Die Oberfläche mit fettdichtem Papier oder mit Folie bedecken und über Nacht in den Gefrierschrank stellen.

- *Nach Belieben zusätzlich mit etwas geraspelter Schokolade bestreuen.*

Hokuspokus-Eis

Knusprig

Dieses Eis ist bei Kindern und Erwachsenen gleichermaßen beliebt. Es ist schlicht und schmeckt doch so gut – Vanilleeis mit süßen Knusperstückchen.

Ergibt 800 ml

Vanilleeismasse (Rezept siehe Seite 26), bis zur Eiercreme-Stufe für 800 g Eis fertig gestellt, ohne Vanillestange, mit Streuzucker anstatt Vanillezucker
5 EL **Kristallzucker**
2 1/2 EL **goldgelber Flüssigzucker**
1 TL **Natron**

Die Vanilleeismasse bis zur Eiercreme-Stufe herstellen (wenn die Mischung am Rücken eines Holzlöffels haftet). Während die Eiercreme auskühlt, den Knusper-Hokuspokus herstellen. Dazu in einem Topf mit schwerem Boden den Zucker und den Flüssigzucker bei geringer Hitze und unter ständigem Rühren auflösen. Die Wärmezufuhr verstärken und den Zucker zum Kochen bringen. Die Wärmezufuhr verringern und den Zucker etwa fünf Minuten oder so lange, bis er eine tief goldgelbe Farbe annimmt, köcheln lassen. Vom Herd nehmen und das Natron unterrühren – Achtung, dabei bilden sich Blasen. Die Mischung in eine gut gebutterte flache Backform gießen, auskühlen lassen und danach zerkleinern.

Während der Knusper-Hokuspokus abkühlt, das Vanilleeis fertig stellen. Die Sahne zu der Eiercreme geben und das Ganze in der Eismaschine entsprechend der Anleitung des Herstellers zu Eis rühren lassen. Den erkalteten Knusper-Hokuspokus unter die fertige Eismasse rühren und das Ganze in einen Gefrierbehälter umfüllen. Die Oberfläche mit fettdichtem Papier oder mit Folie bedecken, das Eis in den Gefrierschrank stellen.

Heidelbeer-Käsekuchen-Eis

Heidelbeer-Käsekuchen-Eis

Beerengeschmack

Käsekuchen wurden von jeher gebacken. Heute rührt man sie mit Gelatine an und stellt sie in den Kühlschrank… und hier haben wir nun eine gefrorene Version, die unser Käsekuchen-Repertoire wieder ein Stück erweitert.

Ergibt 600 ml

175 ml **Vollmilch**
3 **große Eidotter**
150 g **Streuzucker**
300 g **Sahnequark**
100 g **weiße Schokolade,** geschmolzen
250 g **Heidelbeerkompott** (Rezept siehe Seite 166)

Die Milch langsam bis knapp zum Siedepunkt erhitzen. In einer hitzebeständigen Schüssel die Eidotter und den Zucker mit dem elektrischen Handmixer zu einer sämigen, hellen Masse verschlagen. Die Schüssel auf einen Topf mit köchelndem Wasser setzen, unter ständigem Rühren die Milch zugeben. Danach gelegentlich umrühren, bis die Mischung so dickflüssig ist, dass sie am Rücken eines Holzlöffels haftet. Vom Topf nehmen und 20 Minuten lang auskühlen lassen.

Mit dem elektrischen Handmixer den Sahnequark unterschlagen, bis eine glatte Masse entsteht. Die geschmolzene und abgekühlte Schokolade und das Heidelbeerkompott unterrühren, dass alles gerade vermengt ist. Die Mischung in einen Gefrierbehälter füllen, die Oberfläche mit fettdichtem Papier oder mit Folie bedecken und das Eis in den Gefrierschrank stellen. Die Mischung nach einer Stunde durchrühren, damit die Beeren nicht nach unten sinken, dann für weitere vier Stunden oder über Nacht wieder in den Gefrierschrank stellen. Vor dem Servieren nach Belieben etwas Heidelbeerkompott extra auf die Eisportionen geben.

■ *Abwandlung: Die Eismischung in einer mit Folie ausgelegten runden Backform (Durchmesser 20 cm) gefrieren lassen. Das fertige Eis aus der Form nehmen und wie Käsekuchen aufschneiden.*

■ *Abwandlung: Anstelle von Heidelbeeren nach Belieben anderes gekauftes oder selbstgemachtes Kompott verwenden.*

Traditionelles Rocky-Road-Eis

Klumpig

Rocky-Road-Eiscreme ist wie eine Schatztruhe voller Leckereien… nehmen Sie dafür die Nüsse, Süßigkeiten oder Kekse, die Sie am liebsten mögen und kreieren Sie Ihre eigene Rocky Road.

Ergibt 600 ml

Milchschokoladeneis-Mischung (Menge und Rezept siehe Seite 30), noch nicht zu Eis gerührt, mit 150 g Milchschokolade (statt 100 g) und 50 g Bitterschokolade
60 g **ganze Mandeln,** geröstet und gehackt
60 g **Mini-Marshmallows**
60 g **weiche Vollkornplätzchen,** in Stücke gebrochen
60 g **Geleekonfekt,** große Stücke zerkleinert

Die Eismischung in der Eismaschine entsprechend der Anleitung des Herstellers rühren lassen, bis sie fast gefroren ist. Die restlichen Zutaten unterrühren und das Ganze in einen Gefrierbehälter umfüllen. Mit einem Deckel verschließen oder das Eis mit fettdichtem Papier oder mit Folie bedecken und in den Gefrierschrank stellen.

■ *Marshmallow-Sauce (Rezept siehe Seite 164) zu diesem Eis macht die Schlemmerei perfekt.*

Traditionelles Rocky-Road-Eis

Pfefferminz-Schoko-Eis

Pfefferminz-Schoko-Eis

Minzegeschmack

Kinder mögen grünes Eis, und Schokolade kommt ohnehin immer gut an. Noch größeren Erfolg erzielen Sie, wenn Sie die Mischung teilen und aus der einen Hälfte Pfefferminz-Schoko, aus der anderen Orangen-Schoko (siehe unten) bereiten.

Ergibt 600 ml

60 g **Streuzucker**
3 **große Eier,** getrennt
300 ml **Vollmilch**
150 g **weiße Schokolade,** in Stücke gebrochen
1 1/2 TL **Pfefferminzextrakt**
1 TL **grüne Lebensmittelfarbe** (nach Belieben)
200 ml **Crème double**
45 g **Schokoladen-Chips, -Borke oder -Tropfen**

In einer hitzebeständigen Schüssel den Zucker und die Eidotter zu einer dicken, cremigen Masse schlagen. Die Schüssel auf einen Topf mit köchelndem Wasser setzen, langsam die Milch zugeben und gelegentlich rühren, bis die Mischung dickflüssig zu werden beginnt. Die in Stücke gebrochene Schokolade zugeben und ständig rühren, bis die Schokolade geschmolzen und die Mischung cremig ist. Die Schüssel vom Topf nehmen, den Pfefferminzextrakt und nach Belieben die Lebensmittelfarbe unterrühren. Die Oberfläche mit dünner Haushaltfolie bedecken und die Mischung vollständig erkalten lassen.

In die erkaltete Mischung die Sahne einrühren, das Ganze in der Eismaschine entsprechend der Anleitung des Herstellers etwa 20 Minuten zu Eis rühren lassen. Die Schokoladen-Chips unterrühren, das Eis in einen Gefrierbehälter umfüllen. Das Eis mit fettdichtem Papier oder mit Folie bedecken und in den Gefrierschrank stellen.

■ *Abwandlung: Für Orangen-Schoko-Eis Orangenextrakt in der angegebenen Menge und orange Lebensmittelfarbe verwenden.*

■ *Kinder mögen wahrscheinlich eher Milchschokoladen-Chips; für Erwachsene am besten dunkle Schoko-Chips verwenden.*

Mango-Jogurt-Schneematsch

Reif

Dieser Jogurt-Schneematsch ist eine etwas gesündere Eis-Alternative, die Kindern ganz bestimmt schmecken wird. Er ist cremig und lässt sich leicht löffeln.

Ergibt 800 ml

600 g **frisches Mangofruchtfleisch**
200 g **Streuzucker**
200 ml **Wasser**
Saft und abgeriebene Schale von 2 Limetten
300 ml **griechischer Jogurt** (fettreich und flüssig)

Die Mango, den Zucker, das Wasser, den Limettensaft und die Limettenschale in einem Topf zum Kochen bringen. Die Wärmezufuhr reduzieren und das Ganze ohne Deckel fünf Minuten lang köcheln lassen. 10 Minuten lang abkühlen lassen, dann in der Küchenmaschine oder mit dem Pürierstab pürieren. Vollständig erkalten lassen. Den Jogurt unterrühren und die Mischung in der Eismaschine entsprechend der Anleitung des Herstellers zu einer weichen, fast gefrorenen Masse mit der Konsistenz von Schneematsch rühren lassen. Sofort servieren.

■ *Abwandlung: Die fertige Masse in einen Gefrierbehälter umfüllen und vollständig gefrieren lassen. In diesem Fall in Form von Eiskugeln servieren.*

Mango-Jogurt-Schneematsch

Vanilleeis mit Rolo-Brownies

Himmlisch

Hier werden Karamell-Brownies mit der Dekadenz von Vanilleeis kombiniert – ein Pärchen, das der Himmel zusammengefügt hat.

Ergibt 800 ml

Masse für Rolo-Brownies (Rezept siehe Seite 167), halbe Menge
Vanilleeismasse (Menge und Rezept siehe Seite 26), noch nicht in der Eismaschine gerührt

Die Rolo-Brownies herstellen und in mundgerechten Stücken gefrieren lassen.

Die Vanilleeismasse in der Eismaschine entsprechend der Anleitung des Herstellers rühren lassen, bis sie nahezu gefroren ist. Die Brownie-Stücke unterrühren. Das Eis in einen Gefrierbehälter umfüllen, die Oberfläche mit fettdichtem Papier oder mit Folie bedecken und mindestens drei Stunden lang gefrieren lassen.

■ *Als Extraluxus das stückige Eis mit einem Klecks Karamellsauce (Rezept siehe Seite 165) servieren.*

■ *Abwandlung: Anstelle selbstgemachter Brownies einfach Rolos (kleine Pralinen mit Toffeefüllung und Milchschokolade) oder Ihre in mundgerechte Stücke geschnittenen Lieblings-Schokoriegel unter das Vanilleeis rühren.*

Plätzchenteig mit Milchschokoladen-Chips

Sanft

Eine Übernahme eines zeitgenössischen Klassikers.

Ergibt 700 ml

Masse für Milchschokoladeneis (Menge und Rezept siehe Seite 30), noch nicht zu Eis gerührt
220 g **Butter**
250 g **hellbrauner Zucker**
125 g **Streuzucker**
1 **großes Ei** (siehe Anmerkung Seite 4)
1 TL **Vanilleextrakt**
300 g **Weizenmehl**
1 TL **Backpulver**
1/4 TL **Salz**
100 g **Bitterschokolade** und 100 g **Milchschokolade,** gehackt oder als Schoko-Chips

Die Masse für Milchschokoladeneis bereiten, vollständig erkalten lassen, dann bis zur Weiterverarbeitung in den Kühlschrank stellen.

Die Butter mit beiden Zuckerarten verschlagen. Das Ei und den Vanilleextrakt zugeben und die Masse cremig schlagen. Das Mehl, das Backpulver und das Salz darüber sieben. Die Schokolade zugeben und alles miteinander vermengen. Die Teigmenge halbieren, eine Hälfte für das Eis verwenden. Zu teelöffelgroßen Kugeln rollen und einfrieren. (Die andere Hälfte zu runden Scheiben formen und auf einem mit Backpapier ausgelegten Blech bei 180 °C in acht Minuten goldbraun backen oder gut in dünne Haushaltfolie einwickeln und einfrieren.)

Die Eismischung in der Eismaschine entsprechend der Anleitung des Herstellers rühren lassen. Kurz bevor die Masse gefriert, die Maschine abschalten. Die gefrorenen Teigkugeln unter die Eismasse rühren. Das Eis in einen Gefrierbehälter umfüllen, die Oberfläche mit fettdichtem Papier oder mit Folie bedecken und das Eis einfrieren.

Eis mit Schokoladen-Erdnussbutter-Dip

Unentbehrlich

Der amerikanische Schauspieler Bill Cosby äußerte einmal, der Mensch brauche Erdnussbutter, denn er könne nicht von Brot allein leben. Da hatte er sicherlich Recht, doch wie wäre es mit etwas Schokolade zu dieser Erdnussbutter? Schokolade und Erdnussbutter sind eine erstklassige Kombination.

Ergibt 8 Eistüten mit je einer Kugel Eis

500 ml **Vollmilch**
250 g **cremige Erdnussbutter**
150 g **Streuzucker**
2 TL **Vanilleextrakt**
150 g **Bitterschokolade**
30 g **Erdnüsse,** gehackt
8 **Eistüten**

Die Milch, die Erdnussbutter und den Zucker in einem Topf mit schwerem Boden bei mittlerer Wärmezufuhr auf den Herd stellen. Die Zutaten glatt rühren. Den Vanilleextrakt unterrühren. Den Topf vom Herd nehmen, den Inhalt auskühlen lassen. In der Eismaschine entsprechend der Anleitung des Herstellers rühren lassen. Das fertige Eis in ein luftdicht schließendes Gefäß umfüllen und mindestens zwei Stunden lang gefrieren lassen.

Einige große Gläser (so groß, dass die Eistüten darin aufrecht stehen bleiben) bereitstellen. In einer Schüssel über köchelndem Wasser die Schokolade schmelzen. Die Schüssel vom Topf nehmen und etwas abkühlen lassen. Auf jede Eistüte rasch eine Kugel Eis geben. Die Schokolade über das Eis löffeln, darauf die gehackten Nüsse streuen und die Eistüten in die Gläser stellen. 15 Minuten lang gefrieren lassen, dann genießen!

Eis mit Schokoladen-Erdnussbutter-Dip

Grasshopper-Sandwiches

Grasshopper-Sandwiches

Dekadent

Aus dem Grasshopper, der eigentlich ein Cocktail aus Pfefferminz- und Kakaolikör ist, haben sich inzwischen viele grüne und schokoladehaltige Desserts entwickelt. Hier ist seine letzte Inkarnation, diesmal ein Eis-Sandwich.

Ergibt 6 Sandwiches

12 **Schokoladenplätzchen** (Rezept siehe Seite 169)
6 Portionen **Minzeeis** (Rezept siehe Seite 86)

Die Schokoladenplätzchen nach Rezept bereiten; sie sollen möglichst gleichmäßig aussehen. Die fertig gebackenen Plätzchen auskühlen lassen und in einem luftdicht schließenden Gefäß aufbewahren.

Das fertige Eis aus der Eismaschine nehmen und 15 Minuten stehen lassen, damit es weich wird. Auf ein mit Backpapier ausgelegtes Backblech sechs Plätzchen mit der Unterseite nach oben legen. Auf die Plätzchen je eine Portion Eis geben, darauf die übrigen Plätzchen mit der Oberseite nach oben legen. Die Plätzchen leicht zusammendrücken, damit das Eis dazwischen platt gedrückt wird. Die Ränder mit einem Messer glatt streichen. Sofort servieren oder das Blech samt Sandwiches mit dünner Haushaltfolie abdecken und in den Gefrierschrank stellen.

■ *Abwandlung: Vor dem Servieren die Plätzchenränder mit winzigen bunten Süßigkeiten bestreuen.*

Wassermelonen-Minze-Sorbet

Erfrischend

Ein lebhaft rosarotes Sorbet, mit winzigen Minzestückchen gesprenkelt – eine ideale süße Leckerei an einem warmen Nachmittag.

Ergibt 1,5 l

150 g **Streuzucker**
150 ml **Wasser**
30 g **frische Minzeblättchen**
1,2 kg **Wassermelone** ohne Kerne, grob zerkleinert
1 Prise **Salz**

Den Zucker, das Wasser und die Minze in einem Topf mit schwerem Boden zum Kochen bringen, dann fünf Minuten lang köcheln lassen. Vom Herd nehmen und auskühlen lassen.

Den Sirup abseihen und die Minze wegwerfen. Die Melonenstücke zu einer glatten Masse pürieren, dann nach und nach in den ausgekühlten abgeseihten Sirup rühren. Die Mischung muss süß schmecken, der Geschmack variiert jedoch je nach Süße der Melone. Eine Prise Salz zugeben. Die Mischung mindestens eine Stunde lang kalt stellen, dann in der Eismaschine entsprechend der Anleitung des Herstellers zu Sorbet rühren lassen. Sofort servieren oder in einen Gefrierbehälter umfüllen, die Oberfläche mit fettdichtem Papier oder mit Folie bedecken und das Sorbet in den Gefrierschrank stellen.

Andere Möglichkeit: Die Sorbetmischung in Eislutscherformen füllen und gefrieren lassen.

Wassermelonen-Minze-Sorbet

Eislutscher

Eislutscher

Erfrischend

Ist der Zuckersirup fertig, können Sie mit jeder beliebigen Obstart experimentieren. Unsere Vorschläge sind nur als Anfang gedacht …

Ergibt 300 ml

Für den Zuckersirup:
350 g **Streuzucker**
350 ml **Wasser**

Den Zucker und das Wasser in einen Topf mit schwerem Boden schütten. Bei geringer Hitze erwärmen, bis der Zucker aufgelöst ist; nicht kochen lassen. Ist der Zucker aufgelöst, die Wärmezufuhr verstärken und das Ganze zum Kochen bringen. Den Sirup noch fünf Minuten lang kochen lassen, dann vom Herd nehmen und vor der Weiterverarbeitung auskühlen lassen.

Beeren und Orange – 400 g Beeren (Tiefkühlware), 100 ml Zuckersirup, Saft und abgeriebene Schale einer Orange in der Küchenmaschine 1 – 2 Minuten oder so lange pürieren, bis alles flüssig ist. Durch ein feines Sieb seihen, dann in Eislutscherformen gießen. Gefrieren lassen.

Zuckermelone und Limette – 400 g Melonenfruchtfleisch, 100 ml Zuckersirup und den Saft einer Limette in der Küchenmaschine 1 – 2 Minuten oder so lange pürieren, bis alles flüssig ist. Durch ein feines Sieb seihen, dann in Eislutscherformen gießen. Gefrieren lassen.

■ *Die Eisstiele eine Stunde lang in warmem Wasser einweichen und erst dann in die Eisformen legen, damit sie nicht an die Oberfläche steigen.*

■ *Zuckersirup am besten auf Vorrat herstellen, da er sich im Kühlschrank mehrere Wochen lang hält.*

Retro-Eis und Eisbecher

Der Kellner in einem amerikanischen *Soda Fountain* gießt einen Schuss warmen Fudgesirup auf den Grund eines hohen, auf schmalem Fuß stehenden Glases. Dazu gibt er zwei Kugeln Vanilleeis. Dann gießt er klares sprudelndes Sodawasser auf, das die Eiskugeln an die Oberfläche springen lässt. Darauf kommt noch mehr warmer Fudgesirup, dann ein Berg Schlagsahne und eine leuchtend rote Kirsche. Er schiebt das Glas mit *Ice Cream Soda* auf der Theke entlang in meine erwartungsvollen Hände. Ich befinde mich in Bolingbroke im Bundesstaat Georgia, genauer im *Sweet Sue's Tea Room and Soda Fountain,* einem der wenigen echten *Soda Fountains,* die es in Amerika noch gibt. Augenblicke wie dieser entführen die heute über 60-jährigen Amerikaner in eine vergangene Zeit, in der das Leben für sie so harmlos wie Eiscreme war.

Eiscreme besitzt eine solche Zauberkraft, vielleicht weil sie bessere Zeiten, Muße, Ferien, Behaglichkeit und Ruhe symbolisiert – all die Momente, die es wert sind wieder heraufbeschworen zu werden. Wir besitzen viele in Ehren gehaltene Eis-Erinnerungen. Pippa beispielsweise fühlt sich bei Pistazieneis in die Zeit zurückversetzt, da sie in Italien arbeitete, und ein kühles Safran-Kulfi erinnert sie an Reisen in Indien. Bei mir vergegenwärtigt Kürbiseis das kanadische *Thanksgiving,* und ein körniges Sorbet weckt in mir Erinnerungen an warme Tage in der Provence.

für Mußestunden

Rum-Rosinen-Eis

Raffiniert

Dieses Eis ist besonders cremig und Sie werden den Rum bestimmt herausschmecken. Versuchen Sie nicht, etwas an diesem klassischen Geschmack zu ändern, denn er ist vollkommen!

Ergibt 600 ml

100 g **Rosinen**
100 ml **dunkler Rum**
300 ml **Vollmilch**
4 **große Eidotter**
100 g **Farinzucker**
200 ml **Crème double**

Die Rosinen mit 75 ml Rum in eine kleine Schüssel geben und über Nacht oder so lange weichen lassen, bis die Rosinen aufgequollen sind und einen Großteil des Rums aufgesogen haben.

Die Milch in einem Topf mit schwerem Boden bis fast zum Siedepunkt erhitzen, dann vom Herd nehmen. In einer hitzebeständigen Schüssel die Eidotter und den Zucker mit dem elektrischen Handmixer zu einer sämigen, hellen Masse schlagen. Die Schüssel auf einen Topf mit köchelndem Wasser setzen und die Milch einrühren. Die Mischung gelegentlich rühren, bis sie so dickflüssig ist, dass sie am Rücken eines Holzlöffels haftet. Die Mischung vollständig erkalten lassen.

In die erkaltete Mischung die Sahne und den restlichen Rum rühren. In der Eismaschine entsprechend der Anleitung des Herstellers zu Eis rühren lassen. Die Rosinen unterrühren, dann das fertige Eis in einen Gefrierbehälter umfüllen. Die Oberfläche mit fettdichtem Papier oder mit Folie bedecken und das Eis in den Gefrierschrank stellen.

■ *Das Eis in Süßen Blätterteig-Körbchen (Rezept siehe Seite 171) servieren.*

Rum-Rosinen-Eis

Mincemeat-Eis

Festlich

Dieses Eis wird mit einer süßen Pastetenfüllung (Mincemeat) bereitet, die aus Obst, Rosinen, Gewürzen und Fett besteht. Vielleicht probieren Sie das köstliche Eisdessert einmal zu Weihnachten?

Ergibt 800 ml

Vanilleeismasse (Menge und Rezept siehe Seite 26), bis zur Eiercreme-Stufe fertig gestellt, ohne Vanillestange und mit Streuzucker anstelle von Vanillezucker
1 TL **Vanilleextrakt**
150 g **Mincemeat** (süße Pastetenfüllung)

Die Vanilleeismasse bis zur Eiercreme-Stufe bereiten und die Eiercreme vollständig erkalten lassen.

Zu der erkalteten dünnen Eiercreme die Sahne und den Vanilleextrakt geben. Die Masse im Speiseeisbereiter entsprechend der Anleitung des Herstellers etwa 20 Minuten lang zu Eis rühren lassen. Die Pastetenfüllung unterrühren und das fertige Eis in einen Gefrierbehälter füllen. Die Oberfläche mit fettdichtem Papier oder mit Folie bedecken und das Eis in den Gefrierschrank stellen.

■ *Zur Geschmacksverstärkung etwas abgeriebene Orangen- oder Zitronenschale zugeben.*

Safran-Kulfi

Milchartig

Kulfi, das traditionelle Eis in Indien, wird aus Milch hergestellt, die man einkochen lässt. An den Geschmack muss man sich erst gewöhnen, er erinnert ein bisschen an Kondensmilch und ist nicht besonders süß. Die traditionellen Kulfi-Gewürze sind Pistazie, Kardamom und Rosenwasser, und bei besonderen Gelegenheiten bekommt man Kulfi auch mit einem goldenen oder silbernen Blatt garniert.

Ergibt 600 ml

500 ml **Vollmilch**
250 ml **Crème double**
1 Prise **Safranfäden**
2 EL **heller Honig**
1/2 TL **Orangenblütenwasser** (nach Belieben)

Sämtliche Zutaten in einem Topf mit schwerem Boden zum Kochen bringen. Die Wärmezufuhr verringern und die Mischung in etwa 30 Minuten auf 500 ml einköcheln lassen, dabei ab und zu umrühren. Vollständig erkalten lassen, dann in der Eismaschine entsprechend der Anleitung des Herstellers rühren und gefrieren lassen.

Die gefrorene Masse in einzelne konische Formen oder in einen großen Gefrierbehälter umfüllen. Die Oberfläche mit fettdichtem Papier oder mit Folie bedecken. Die Formen etwa 30 Minuten vor dem Servieren aus dem Gefrierschrank nehmen, damit das Kulfi dann leicht aus den Formen zu lösen ist.

- *Mit gehackten Pistazien oder Mandelblättchen servieren.*
- *Klebt das Kulfi in der Form fest, diese kurz in heißes Wasser tauchen, damit das Eis etwas weich wird und sich leicht herauslösen lässt.*

Pistazieneis

Fein

Dieses Eis ist das Höchste, was es an Raffinesse gibt. Ein fast pikant-süßer Abschluss eines Essens, der auf vollkommene Weise durch einen süßen Dessertwein ergänzt wird.

Ergibt 750 ml

100 g **Pistazienkerne** ohne Schale
200 ~~400~~ ml **Vollmilch** (Kondensmilch)
4 **große Eidotter**
150 g **Streuzucker**
400 ~~200~~ ml **Crème double**

eiskalt mischen!

Die Pistazien in der Küchenmaschine oder in der Kaffeemühle zu Pulver zermahlen. Nicht zu fein mahlen.

Die gemahlenen Pistazien und die Milch in einem Topf fast zum Kochen bringen. Vom Herd nehmen und die Flüssigkeit durch ein feines Sieb oder ein Musselintuch seihen. In einer hitzebeständigen Schüssel die Eidotter und den Zucker mit dem elektrischen Handmixer zu einer hellen, sämigen Masse verschlagen. Die Schüssel auf einen Topf mit köchelndem Wasser setzen und langsam die Pistazienmilch einrühren. Die Mischung ab und zu umrühren, bis sie so dickflüssig ist, dass sie am Rücken eines Holzlöffels haftet. Vollständig erkalten lassen.

Die Sahne unterrühren und das Ganze in der Eismaschine entsprechend der Anleitung des Herstellers zu Eis rühren lassen. Sofort servieren oder in einen Gefrierbehälter umfüllen, die Oberfläche mit fettdichtem Papier oder mit Folie bedecken und das Eis in den Gefrierschrank stellen.

■ *Zusätzlich mit Pistaziennüssen oder mit Tuile-Keksen bestreuen.*

Lakritz-Sternanis-Marmoreis

Anisgeschmack

Nicht jedermann mag das Anisaroma von Lakritze und Sternanis, doch wenn Sie ein Fan davon sind, dann wird Ihnen dieses Eis, in dem Sie beides in einem haben, sehr zusagen. Dieses Rezept ist für meinen Freund Sez, der eine Leidenschaft für Lakritze hat.

Ergibt 800 ml

100 g **weiche Lakritze,** grob zerkleinert
30 ml **kochendes Wasser**
350 ml **Vollmilch**
3 **Sternanisfrüchte**
4 **große Eidotter**
100 g **Farinzucker**
250 ml **Crème double**

Die Lakritze und das kochende Wasser in der Küchenmaschine zu einer Paste verarbeiten. Beiseite stellen.

Die Milch und die Sternanisfrüchte in einem kleinen Topf fast zum Kochen bringen. Die Wärmezufuhr abschalten und die Milch 20 – 30 Minuten durchziehen lassen. In einer hitzebeständigen Schüssel die Eidotter und den Zucker mit dem elektrischen Handmixer zu einer hellen, sämigen Masse verschlagen. Die Schüssel auf einen Topf mit köchelndem Wasser setzen und langsam die Anismilch unterrühren. Die Mischung ab und zu rühren, bis sie so dickflüssig ist, dass sie am Rücken eines Holzlöffels haftet. Die Lakritzpaste zugeben und das Ganze weitere zwei bis drei Minuten rühren. Die Schüssel vom Topf nehmen und die Mischung vollständig erkalten lassen.

Zu der erkalteten Mischung die Sahne geben. Das Ganze anschließend in der Eismaschine entsprechend der Anleitung des Herstellers zu Eis rühren lassen. Dann servieren oder in einen Gefrierbehälter umfüllen und in den Gefrierschrank stellen. Oder die Sahne schlagen, bis sie weiche Spitzen bildet, dann sorgfältig unter die erkaltete Eiercreme ziehen. In ein Gefriergefäß füllen, mit fettdichtem Papier oder mit Folie bedecken und einfrieren.

Parfait mit grünem Tee und Ingwer

Bezaubernd

Dieses leichte, lockere Parfait ist vom Aroma des grünen Tees und des Ingwers durchzogen. Die interessante Kombination lohnt einen Versuch.

Ergibt 600 ml

400 ml **Vollmilch**
3 **Aufgussbeutel mit grünem Tee**
1 Stück **Ingwerwurzel,** 2 cm lang, grob zerkleinert
4 **große Eier** (siehe Anmerkung Seite 4), getrennt
100 g **Streuzucker**
200 ml **Crème double**

Die Milch, die Teebeutel und den Ingwer in einem mittelgroßen Topf fast zum Kochen bringen. Vom Herd nehmen und 30 Minuten lang abkühlen und durchziehen lassen.

In einer hitzebeständigen Schüssel die Eidotter und den Zucker mit dem elektrischen Handmixer zu einer hellen, sämigen Masse verschlagen. Die Schüssel auf einen Topf mit köchelndem Wasser setzen und die noch warme abgeseihte Milch unterrühren. Gelegentlich rühren, bis die Mischung so dickflüssig ist, dass sie am Rücken eines Holzlöffels haftet. Vollständig erkalten lassen. Wenn die Eiercreme kalt ist, die Eiweiße und die Sahne in gesonderten Schüsseln schlagen, bis beide weiche Spitzen bilden. Die Sahne, dann den Eischnee vorsichtig unter die Eiercreme ziehen und danach das Ganze in einen Gefrierbehälter füllen. Die Oberfläche mit fettdichtem Papier oder mit Folie bedecken und das Parfait über Nacht in den Gefrierschrank stellen.

■ *Abwandlung: In der Milch Ihren Lieblingstee – beispielsweise Earl Grey oder Pfefferminztee – ziehen lassen wie im Rezept beschrieben.*

Parfait mit grünem Tee und Ingwer

Ingwereis mit Weinbrand-Snaps

Cremig

Das ist ein Muss für Ingwerliebhaber, intensiv und unwiderstehlich.

Ergibt 600 ml

Masse für Weinbrand-Snaps (Rezept siehe Seite 168), halbe Menge
200 ml **Wasser**
75 ml **goldgelber Flüssigzucker**
75 g **hellbrauner Zucker**
1 EL **Ingwerpulver**
300 ml **Crème double**
75 g **Ingwerwurzel,** zerkleinert (nach Belieben zugeben)

Die Weinbrand-Snaps bereiten, ohne sie jedoch zu Körbchen zu formen, zum Auskühlen beiseite stellen. Die ausgekühlten Snaps in kleine Stücke brechen.

Das Wasser, den Flüssigzucker, den Zucker und das Ingwerpulver in einen mittelgroßen Topf geben und rühren, bis der Zucker aufgelöst ist. Die Mischung unzugedeckt fünf Minuten lang köcheln lassen. Vollständig erkalten lassen.

In einer großen Schüssel mit dem elektrischen Handmixer die Sahne schlagen, bis sie steife Spitzen bildet. Den erkalteten Ingwersirup unterrühren und weitere 30 Sekunden lang schlagen, bis Sahne und Sirup gut vermischt sind. Die zerbrochenen Weinbrand-Snaps und die Ingwerwurzel (nach Belieben) einrühren. Die Mischung in einen Gefrierbehälter gießen, die Oberfläche mit fettdichtem Papier oder mit Folie bedecken und das Eis einfrieren.

■ *Abwandlung: Anstelle selbstgemachter Weinbrand-Snaps gekaufte verwenden oder die Snaps überhaupt weglassen, wenn Sie ein Ingwereis ohne knusprige Zutat möchten.*

Bananen-Muskat-Sojamilch-Eis

Wohltuend

Hier ist das perfekte Eis für all jene, die unter Laktoseunverträglichkeit leiden, was aber nicht ausschließt, dass jeder sich diesen Genuss gönnt. Sojamilch unterscheidet sich im Geschmack von Kuhmilch, rechnen Sie also mit einer etwas anderen Eis-Erfahrung.

Ergibt 600 ml

200 g Bananen (geschält gewogen), klein geschnitten
150 ml Wasser
100 g Streuzucker
2 TL gemahlene Muskatnuss
45 ml heller Honig
250 ml Sojamilch
2 große Eidotter
75 g Streuzucker

Die zerkleinerten Bananen, das Wasser, den Zucker, die Muskatnuss und den Honig in einem Topf zum Kochen bringen. Die Wärmezufuhr verringern und das Ganze unzugedeckt fünf Minuten lang köcheln lassen. Etwas abkühlen lassen, dann in der Küchenmaschine zu einem Püree verarbeiten.

In einem Topf mit schwerem Boden die Sojamilch fast zum Kochen bringen. In einer hitzebeständigen Schüssel die Eidotter und den Zucker mit dem elektrischen Handmixer zu einer hellen, sämigen Masse verschlagen. Die Schüssel auf einen Topf mit köchelndem Wasser setzen und die Sojamilch einrühren. Ab und an rühren, bis die Mischung so dickflüssig ist, dass sie am Rücken eines Holzlöffels haftet. Vollständig erkalten lassen, danach mit dem Bananenpüree mischen. Die Masse in der Eismaschine entsprechend der Anleitung des Herstellers zu Eis rühren lassen. Das fertige Eis sofort servieren oder in einen Gefrierbehälter umfüllen, die Oberfläche mit fettdichtem Papier oder mit Folie bedecken und das Ganze in den Gefrierschrank stellen.

Virgin Mojito

Erfrischend

Mojito ist ein kubanischer Cocktail aus Rum, Zucker, Limette, Minze und Sodawasser, der den puren Sommer eingefangen hat. Geben Sie einige Löffel von unserem Minze-Limetten-Sorbet in ein Glas und übergießen Sie das Sorbet mit weißem Rum und Soda, dann haben Sie am Schluss beides – den Drink und das Sorbet. Was wollen Sie mehr?

Ergibt 800 ml

400 g **Demerera-Zucker**
900 ml **Wasser**
30 g **frische Minzeblättchen, dazu einige Blättchen als Garnierung**
Schale und Saft von 4 **Limetten,** die Schale in lange Streifen geschnitten

Den Zucker, das Wasser, die Minze und die Limettenschalenstreifen in einem Topf zum Kochen bringen. Die Wärmezufuhr verringern und das Ganze 20 Minuten lang köcheln lassen. Den Sirup über Nacht im Kühlschrank erkalten und durchziehen lassen.

Die Schale und die Minzeblättchen aus dem Sirup herausnehmen, dann den abgeseihten Limettensaft zu dem Sirup geben. Die Flüssigkeit in der Eismaschine entsprechend der Anleitung des Herstellers 20 Minuten oder so lange rühren lassen, bis sie gefroren ist. Sofort servieren oder in einen Gefrierbehälter umfüllen, die Oberfläche mit fettdichtem Papier oder mit Folie bedecken und das Sorbet in den Gefrierschrank stellen. Das Sorbet vor dem Servieren etwas weich werden lassen, damit es seine an Schneematsch erinnernde Textur zurückerhält. Mit Minzeblättchen garnieren.

Virgin Mojito

Vanille-Karamell-Pekannuss-Eis

Lecker

Mitunter verleiht ein bisschen Salz Ihrem Dessert einen überraschenden, doch angenehmen Geschmack.

Ergibt 1 l

Süß-salzige Pekannüsse (Menge und Rezept auf Seite 162)
Karamellsauce (Menge und Rezept auf Seite 165)
Vanilleeismasse (Menge und Rezept auf Seite 26), noch nicht zu Eis gerührt

Die süß-salzigen Pekannüsse und die Karamellsauce herstellen und auskühlen lassen. Die Vanilleeismasse in der Eismaschine entsprechend der Anleitung des Herstellers rühren lassen. Kurz bevor die Masse erstarrt, die Maschine abschalten. Karamellsauce spiralförmig über das Eis gießen, mit dem restlichen Eis bedecken. Darauf weitere Karamellspiralen gießen. Ein stumpfes Messer in Spiralen durch die Schichten ziehen und die Sauce so im Eis verteilen. Übrig gebliebene Karamellsauce kann in einem luftdicht schließenden Gefäß bis zu zwei Wochen lang im Kühlschrank aufbewahrt werden. Das fertige Eis in einen Gefrierbehälter füllen, die Oberfläche mit fettdichtem Papier oder mit Folie bedecken und das Eis für mindestens 30 Minuten in den Gefrierschrank stellen.

■ *Abwandlung: Anstelle von Pekannüssen Mandeln oder Walnüsse verwenden.*

Schokoladen-Erdnussbutter-Welle

Üppig

Meine Kusine Claire serviert zum Geburtstag stets einen Schokoladen-Erdnussbutter-Kuchen, und sie hatte auch zu ihrer Hochzeit einen Schokoladen-Erdnussbutter-Kuchen. Dies hier ist für sie.

Ergibt 700 ml

Milchschokoladeneis (Menge und Rezept auf Seite 30), in der Eismaschine bis knapp zum Erstarren gerührt

Für die Erdnussbutterstücke:
125 g Erdnussbutter
2 EL weiche Butter
60 g Puderzucker
4 EL Rice Krispies

Zubereiten der Erdnussbutterstücke: Die Erdnussbutter, die weiche Butter und den Puderzucker gut miteinander vermischen. Die Rice Krispies einrühren und vorsichtig untermischen, bis sie gut in die Masse eingearbeitet sind.

Aus der Erdnussbuttermischung Kugeln von halber Teelöffelgröße formen und diese unter das fast erstarrte Schokoladeneis rühren. Rühren, bis alles miteinander verbunden ist. Das Eis in einen Gefrierbehälter füllen, die Oberfläche mit fettdichtem Papier oder mit Folie bedecken und das Gefäß in den Gefrierschrank stellen.

■ *Das Höchste an Dekadenz – das Eis mit einem Klecks Schokoladensauce obenauf servieren.*

Kürbiseis

Kühle Wärme

Kürbistorte mit Zimt, Ingwer und Schlagsahne ist das traditionelle amerikanische Dessert zu Thanksgiving. Dieses Eis fängt all die wohligen Aromen in einer kalten Verpackung ein. Kürbispüree findet man in Spezialgeschäften, die amerikanische Erzeugnisse am Lager haben.

Ergibt 1 l

375 ml **Vollmilch**
3 **große Eidotter**
200 g **Streuzucker**
1 Büchse (425 g) **Kürbispüree**
1/2 TL **Muskat**
1/4 TL **Zimt**
250 ml **Crème double**
1 TL **Vanilleextrakt**

In einem Topf mit schwerem Boden die Milch fast bis zum Siedepunkt erhitzen. In einer hitzebeständigen Schüssel die Eidotter mit dem Zucker zu einer hellen, sämigen Masse verschlagen. Nach und nach die Milch in die Eimischung rühren. Die Schüssel auf einen Topf mit köchelndem Wasser setzen und die Mischung weiterhin rühren, bis sie so dickflüssig ist, dass sie am Rücken eines Holzlöffels haftet. Die Schüssel vom Topf nehmen und den Inhalt abkühlen lassen.

Die restlichen Zutaten unter die abgekühlte Mischung schlagen. Die Oberfläche mit dünner Haushaltfolie oder mit fettdichtem Papier bedecken, damit keine Haut entsteht. Für mindestens eine Stunde im Kühlschrank kalt stellen.

In der Eismaschine entsprechend der Anleitung des Herstellers zu Eis rühren lassen. Sofort servieren oder in ein Gefriergefäß umfüllen, die Oberfläche mit fettdichtem Papier oder mit Folie bedecken und das Eis in den Gefrierschrank stellen.

Kürbiseis

Südliches Eistee-Sorbet

Erfrischend

Eistee ist vor allem im Sommer ein beliebtes Getränk, doch er schmeckt genauso köstlich und erfrischend als kühlendes Sorbet und in einem hohen Glas serviert. Garnieren Sie das Sorbet mit viel frischer Minze und nehmen Sie sich für den Genuss reichlich Zeit.

Ergibt 1 l

8 **Teebeutel zum Aufgießen**
90 g **frische Minzeblättchen, dazu einige Blättchen zum Garnieren**
1,25 l **kochendes Wasser**
180 g **Streuzucker**
180 ml **frisch gepresster Zitronensaft**

Die Teebeutel und die Minze in eine große Teekanne oder einen Krug geben, mit dem kochenden Wasser übergießen und 30 Minuten lang ziehen lassen.

Die Flüssigkeit in eine Schüssel seihen. Zucker und Zitronensaft nach Geschmack zugeben. Die Mischung muss süß, nach Zitrone und einem Hauch Minze schmecken. Ist sie zu herb, mehr Zucker zugeben; ist sie zu süß, mehr Zitronensaft zugießen. Zum Entfernen von Zitronenfruchtfleisch oder Minzestückchen die Mischung nochmals abseihen, dann eine Stunde lang kalt stellen.

Die Mischung in der Eismaschine entsprechend der Anleitung des Herstellers zu Sorbet rühren lassen. Sorbets am besten direkt aus der Maschine portionieren; werden sie längere Zeit vor dem Verbrauch bereitet, die Masse in ein luftdicht schließendes Gefäß füllen, die Oberfläche mit Backpapier bedecken und das Sorbet in den Gefrierschrank stellen. Das gefrorene Sorbet vor dem Servieren etwas weich werden lassen, damit es seine typische Textur zurückerhält. Mit frischer Minze garnieren.

Bananensplit mit Schokoladen- und Kokoseis

Sanft

Bananensplit ist nicht zu überbieten. Was sollen wir noch sagen?

Ergibt 4 Portionen

125 ml **Crème double**
4 **Bananen,** geschält und längs aufgeschnitten
4 Portionen **Milchschokoladeneis** (Rezept siehe Seite 30)
4 Portionen **Dunkles Schokoladeneis** (Rezept siehe Seite 33)
4 Portionen **Kokoseis** (Rezept siehe Seite 83)
125 ml **Schokoladen-Karamell-Sauce** (Rezept siehe Seite 164)
4–6 EL **geröstete Kokosraspel nach Geschmack** (siehe Seite 20)

Vier Schalen für Bananensplit bereitstellen. In einer Metallschüssel die Sahne schlagen, bis sie weiche Spitzen bildet. In jede Schale zwei Bananenhälften legen. Zwischen die Hälften eine Portion von jeder Eissorte setzen. Das Eis mit Schokoladen-Karamell-Sauce beträufeln. Obenauf Schlagsahne geben und mit gerösteten Kokosraspeln bestreuen.

■ *Für dieses Rezept können beliebige Eissorten, Saucen und geröstete Nüsse kombiniert werden.*

Vanilleeis mit Ingwerbier

Nostalgisch

Das Eis schwimmt obenauf, das Ingwerbier wird cremig – das ist sprudelnder Genuss in Hochform, der so schön an Ice Cream Soda erinnert.

Ergibt 4 Portionen

Vanilleeismasse (Menge und Rezept siehe Seite 26)
1 l **Ingwerbier oder Limonade aus Wurzeldrogen und Kräutern**

Das Eis auf vier hohe Gläser verteilen. Mit Ingwerbier oder Limonade aus Wurzeldrogen und Kräutern übergießen. In die Gläser biegsame Strohhalme stecken, umrühren und genießen.

Erdbeer-Fizz

Sanft

Das ist der Sommer in einem Glas.

Ergibt 4 Portionen

125 g **Coulis aus gemischten Beeren** (Rezept siehe Seite 171)
Erdbeereismasse (Menge und Rezept siehe Seite 29)
Sprudelwasser

Vier hohe Gläser bereitstellen. In jedes Glas zunächst einige Löffel Coulis, dann zwei Kugeln Eis und darauf noch etwas Coulis geben. Die Gläser mit Sprudelwasser auffüllen, Strohhalme hineinstecken und den Fizz genießen.

Vanilleeis mit Ingwerbier

Köstliches Beiwerk

Süß-salzige Pekannüsse

Für dieses süchtig machende Rezept danken wir unserer Freundin, der Kochbuchautorin Nina Simonds.

Ergibt 250 g

1 **großes Eiweiß,** leicht geschlagen
250 g **Pekannüsse**
50 g **Streuzucker**
1 1/2 TL **Chinesische Fünf-Gewürze-Mischung**
1 TL **Salz**

Den Herd auf 160 °C vorheizen. Ein Backblech mit etwas Öl fetten oder mit Backpapier auslegen.

Das geschlagene Eiweiß zu den Pekannüssen geben und rühren, bis sämtliche Nüsse davon überzogen sind. In einer Papier- oder Kunststofftüte den Zucker mit der Gewürzmischung vermengen. Die Pekannüsse in einem Passiersieb abtropfen lassen und dann in die Gewürztüte schütten. Die Tüte fest verschließen und die Nüsse darin schütteln, damit die Gewürze daran haften bleiben. Die Nüsse in einer Schicht auf dem Backblech verteilen und unter gelegentlichem Durchrühren 35 – 40 Minuten lang goldbraun und knusprig rösten. Sie sind fertig, wenn das Innere einer halbierten Nuss knusprig ist. Auskühlen lassen.

Die Nüsse halten sich bis zu einer Woche lang in einem luftdicht schließenden Gefäß oder zwei bis drei Monate lang im Gefrierschrank.

■ *Sind die Pekannüsse nicht mehr knusprig, im Herd bei 180 °C wieder „aufbacken".*

Kandierte Zitrusschale

Verwenden Sie möglichst Zitrusfrüchte, die keine gewachste Schale haben und aus biologischem Anbau stammen.

4 – 6 **Zitrusfrüchte unterschiedlicher Art** (Pampelmuse, Orange, Zitrone, Limette)
300 g **Streuzucker**
200 ml **Wasser**

Mit einem breiten Gemüseschäler die äußere Schale ohne die bittere weiße Innenschicht der Zitrusfrüchte abschälen. Die Schalen in streichholzfeine Stäbchen schneiden. Beiseite stellen.

In einem Topf mit schwerem Boden 200 g Zucker mit dem Wasser zum Kochen bringen. Die Mischung sacht kochen lassen, bis der Zucker aufgelöst ist. Die klein geschnittenen Zitrusschalen zugeben, die Wärmezufuhr reduzieren und das Ganze 30 Minuten lang köcheln lassen. Die Schalen mit dem Schaumlöffel aus der Flüssigkeit nehmen und flach auf einem Teller auslegen.

Den restlichen Zucker in eine Schüssel schütten. Die abgekühlten Zitrusschalen mit dem Zucker vermengen, dann auf einem sauberen Tuch trocknen lassen. In einem luftdicht schließenden Gefäß aufbewahren. Die kandierten Schalen halten sich mehrere Monate lang.

Marshmallow-Sauce

Ergibt 250 ml

90 ml **goldgelber Flüssigzucker**
50 g **Streuzucker**
1 **großes Eiweiß** (siehe Anmerkung Seite 4)

In einem kleinen Topf den Flüssigzucker zusammen mit 1 EL Wasser zum Kochen bringen. Dabei mit einem feuchten Backpinsel hin und wieder über die Topfwandung fahren, damit der Zuckersirup nicht kristallisiert.

In einer mittelgroßen Schüssel das Eiweiß zu steifem Schnee schlagen. Hat der Sirup nach etwa sieben Minuten eine Temperatur von 120 °C erreicht, langsam an der Schüsselwandung entlang zu dem Eischnee gießen und dabei gut schlagen, bis die Mischung glänzend und locker aussieht. Sofort verwenden oder in einem luftdicht schließenden Behälter bis zu einer Woche im Kühlschrank aufbewahren (vor der Weiterverarbeitung nötigenfalls durchrühren).

Die Sauce bleibt auch gekühlt oder gefrostet klebrig.

Schokoladen-Karamell-Sauce

Ergibt 350 ml

75 g **Farinzucker**
45 g **Butter**
125 ml **goldgelber Flüssigzucker**
1 EL **Kakaopulver**
150 ml **Crème double**
60 g **Bitterschokolade**
1/2 TL **Vanilleextrakt**

Den Zucker, die Butter, den Flüssigzucker und das Kakaopulver in einem Topf bei sehr geringer Wärmezufuhr erhitzen, bis der Zucker aufgelöst ist. Zum Köcheln bringen und unzugedeckt fünf Minuten lang weiterköcheln lassen. Den Topf vom Herd nehmen und die Sahne, die Schokolade sowie den Vanilleextrakt unterrühren. Gut umrühren, bis die Schokolade geschmolzen ist. Den Topf wieder auf den Herd stellen und das Ganze noch eine Minute oder so lange kochen lassen, bis die Masse cremig ist.

Die Sauce warm auf Eis servieren oder auskühlen lassen und zum Marmorieren unter das Eis rühren.

Die Sauce hält sich in einem luftdicht schließenden Gefäß im Kühlschrank bis zu zwei Wochen lang.

Karamellsauce

Ergibt 600 ml

400 g Streuzucker
125 ml Wasser
350 ml Crème double
2 EL ungesalzene Butter
1 TL Vanilleextrakt
1 TL Zitronensaft

In einem Topf mit schwerem Boden den Zucker und das Wasser bei mittelstarker Wärmezufuhr erhitzen. Rühren, bis der Zucker aufgelöst ist, dann ohne weiteres Rühren den Sirup zum Kochen bringen. Mit einem feuchten Backpinsel hin und wieder über die Topfwandung fahren, damit der Zuckersirup dort nicht kristallisiert. Den Topf schwenken, wenn der Sirup braun zu werden beginnt. Ist der Sirup dunkel bernsteinfarben (bei ca. 180 °C am Zuckerthermometer; Achtung, der Zucker kann leicht verbrennen), den Herd auf niedrige Wärmezufuhr einstellen und die Sahne in den Sirup geben. Den brodelnden, aufspritzenden Sirup glatt rühren. Die Butter und die Vanille zugeben und rühren, bis die Butter zergeht. Zum Schluss einen Spritzer Zitronensaft zugeben.

Die Sauce vor der Verwendung in einem Eisrezept auskühlen lassen oder in einem luftdicht schließenden Gefäß bis zu zwei Wochen lang im Kühlschrank aufbewahren.

Zitronencreme

Ergibt 400 ml

100 g ungesalzene Butter
150 g Streuzucker
Fein abgeriebene Schale und Saft von 3 Zitronen
3 große Eier, geschlagen

Die Butter, den Zucker, die Zitronenschale und den Zitronensaft in eine hitzebeständige Schüssel geben. Die Schüssel auf einen Topf mit köchelndem Wasser setzen und bei geringer Wärmezufuhr rühren, bis der Zucker aufgelöst und die Mischung warm ist. Die warme Zitronenmischung mit dem Schneebesen unter die geschlagenen Eier rühren und das Ganze durch ein Sieb (nicht aus Metall!) gießen. Die Mischung in die Schüssel zurückschütten und diese wieder auf den Topf mit dem noch immer köchelnden Wasser setzen. Gelegentlich rühren, bis die Mischung dickflüssig wird und am Rücken eines Holzlöffels haftet. Nicht kochen lassen, damit die Creme nicht gerinnt.

Die heiße Creme in heiße, sterilisierte Gläser gießen und gut verschließen. Die Zitronencreme hält sich an einem kühlen Platz bis zu einem Monat lang.

Heidelbeerkompott

Ergibt 300 ml

Saft einer Orange
1 TL **Maisauszugsmehl**
200 g **frische Heidelbeeren**
2 EL **Streuzucker**

Den Orangensaft und das Mehl in einer kleinen Schüssel mischen. Die Heidelbeeren, den Zucker und die Saft-Mehl-Mischung in einem kleinen Topf bei geringer Hitze erwärmen. Vorsichtig rühren, bis die Heidelbeeren aufzuquellen anfangen und der Saft gerade auszulaufen beginnt. Weitere 30 Sekunden lang vorsichtig rühren, dann vom Herd nehmen und die Beeren auskühlen lassen. Das Kompott hält sich im Kühlschrank bis zu einer Woche lang.

Winterliches Kompott mit Ingwer

Ergibt 800 ml

600 ml **Wasser**
250 g **Streuzucker**
1 **Zimtstange**
Schale und Saft einer Orange, Schale in lange Streifen geschnitten
45 g **Ingwerwurzel,** in Streifen geschnitten
12 **getrocknete Aprikosen**
12 **Backpflaumen,** entsteint
2 **Birnen ohne Kerngehäuse,** geschält und geviertelt
2 **Äpfel ohne Kerngehäuse,** geschält und geviertelt

Das Wasser, den Zucker, den Zimt, die Orangenschale und den Orangensaft zum Kochen bringen. Bei verringerter Wärmezufuhr zehn Minuten lang köcheln lassen. Die restlichen Zutaten hinzufügen und das Obst noch etwa 15 Minuten lang dünsten, bis es weich ist. Das Obst in dem Sirup auskühlen lassen. Kalt auf Eis oder zu anderen Desserts servieren. Hält sich im Kühlschrank bis zu einer Woche lang.

Rolo-Brownies

Ergibt 96 mundgerechte Stücke

115 g **Rolos** (Pralinen mit Toffeefüllung und Milchschokolade)
150 g **Bitterschokolade mit 70 % Kakaobestandteilen**
100 g **Butter,** in Würfel geschnitten
200 g **Streuzucker**
1 TL **Vanilleextrakt**
2 **große Eier**
125 g **Weizenmehl**
¼ TL **Backpulver**
¼ TL **Salz**

Den Herd auf 180 °C vorheizen. Eine Backform (20 x 20 cm) mit Alufolie auslegen, die Folie an den Seiten überstehen lassen.

Die Rolos halbieren und beiseite stellen.

Die Schokolade und die Butter in eine hitzebeständige Schüssel geben, die Schüssel auf einen Topf mit köchelndem Wasser setzen. Die Schokolade und die Butter unter gelegentlichem Rühren schmelzen lassen. Die Schüssel vom Topf nehmen, die Mischung auskühlen lassen.

Den Zucker und den Vanilleextrakt, danach die Eier einzeln zugeben und die Mischung schlagen, bis sie glänzt. Das Mehl, das Backpulver und das Salz in die Schokoladenmischung sieben und alles gut miteinander verrühren. Die Masse löffelweise in die vorbereitete Backform geben. Obenauf die halbierten Rolos legen. Je dichter die Rolo-Hälften liegen, desto besser, denn der fertig gebackene Brownie-Teig wird zum Schluss in mundgerechte Stücke geschnitten.

Den Brownie-Teig 35 Minuten oder so lange backen, bis die Mitte gerade fest ist. Die überstehende Folie fassen und das Gebäck aus der Form heben. Auf einem Kuchengitter auskühlen lassen. Das ausgekühlte Gebäck in mundgerechte Stücke schneiden und in einem luftdicht schließenden Gefäß einfrieren. Die Brownies halten sich im Gefrierschrank bis zu zwei Monate lang.

Weinbrand-Snaps

Ergibt 8 Stück

60 g ungesalzene Butter
60 g Streuzucker
60 ml goldgelber Flüssigzucker
1 TL Ingwerpulver
1 TL Vanilleextrakt
1 EL Weinbrand
Abgeriebene Schale einer Zitrone
60 g Weizenmehl

Die Butter, den Streuzucker und den Flüssigzucker in einem mittelgroßen Topf erhitzen, bis der Zucker und die Butter geschmolzen sind, dabei ab und zu umrühren. Weitere zwei Minuten köcheln lassen, dann vom Herd nehmen. Den Ingwer, den Vanilleextrakt, den Weinbrand und die Zitronenschale unterrühren. Nach und nach das Mehl zugeben und alle Zutaten gut miteinander vermischen. Die Mischung für 10–15 Minuten beiseite stellen, damit sie abkühlt und fester wird.

Den Herd auf 190 °C vorheizen. Den Teig mit einem großen Dessertlöffel auf ein beschichtetes oder gut gefettetes Backblech geben. Zwischen den einzelnen Teigklecksen genügend Platz lassen; eventuell nicht alle acht Snaps auf einmal, sondern zweimal vier Stück backen. Die Snaps 10–12 Minuten oder so lange backen, bis sie schön auseinander gelaufen und tief goldbraun sind. Die Snaps aus dem Herd nehmen und 1 Minute lang abkühlen lassen. Die noch biegsamen Stücke auf umgedrehte Dariole- oder kleine Auflaufformen legen. Beiseite setzen, bis sie ausgekühlt und fest geworden sind.

Die Weinbrand-Snaps bis zum Verbrauch in einem luftdicht schließenden Behälter aufbewahren. Sie halten sich bis zu einem Monat lang.

Schokoladenplätzchen

Ergibt 30 Stück

200 g **Butter**
250 g **Streuzucker**
125 g **brauner Zucker**
1 **großes Ei**
1 TL **Vanilleextrakt**
45 g **Kakaopulver**
2 EL **Vollmilch**
250 g **Weizenmehl**
3/4 TL **Natron**
150 g **Bitterschokolade,** gehackt

Den Herd auf 180 °C vorheizen. Die Butter und beide Zuckerarten in einer großen Schüssel schaumig schlagen. Das Ei und den Vanilleextrakt, dann das Kakaopulver und die Milch unterschlagen. Das Mehl und das Natron über die Mischung sieben und alles miteinander vermengen. Die gehackte Schokolade unterrühren.

Ein Backblech mit Backpapier auslegen. Den Teig zu gleichen, teelöffelgroßen Kugeln formen und diese im Abstand von jeweils 5 cm auf das Backblech setzen. Zwölf Minuten lang backen. Auf dem Blech einige Minuten lang abkühlen lassen, dann zum völligen Erkalten auf ein Kuchengitter setzen. Die Plätzchen in einem luftdicht schließenden Gefäß aufbewahren und innerhalb von zwei Wochen verbrauchen.

Kandierte Kumquats

Für dieses Rezept danken wir unserer Freundin, der Kochbuchautorin Pam Shookman.

Ergibt 1 kg

500 ml **Orangensaft**
400 g **Streuzucker**
1 kg **Kumquats**

Den Orangensaft und den Zucker in einem großen Topf mit schwerem Boden zum Kochen bringen und rühren, damit der Zucker sich auflöst. Die Kumquats zugeben und das Ganze wieder zum Kochen bringen.

Ein angefeuchtetes Stück Backpapier genau auf den Topfdurchmesser zuschneiden und auf die Oberfläche des Sirups legen. (Das verhindert das Andicken des Sirups bevor die Kumquats gekocht haben.) Den Sirup köcheln lassen, bis er dick ist und die Kumquats zusammengefallen sind und etwas durchsichtig aussehen. Die Früchte in dem Sirup in den Kühlschrank stellen oder in luftdicht schließende Gläser füllen. Sie halten sich im Kühlschrank bis zu zwei Monate lang.

Eistüten mit Ahornsirup

Ergibt 12 Stück

6 **runde weiche Tortillas** (Durchmesser ca. 20 cm)
45 ml **Ahornsirup**
45 g **Butter**
60 g **Demerera-Zucker**
6 **Cocktailspieße,** auf halbe Länge geschnitten
12 **Metallkegel**

Den Herd auf 180 °C vorheizen.

Die Tortillas halbieren und beiseite stellen. In einem kleinen Topf den Ahornsirup und die Butter zerlassen. Den Topf vom Herd nehmen, den Zucker einrühren, aber nicht vollständig auflösen.

Eine Tortillahälfte auf beiden Seiten mit der Zuckermischung bestreichen. Das spitze Ende eines Metallkegels in die Mitte des geraden Tortillarandes legen. Die Tortilla um den Kegel wickeln und das Ende mit einem halben Cocktailspieß feststecken. Zum Backen die Tortilla auf dem Kegel lassen. Den Arbeitsgang mit den übrigen Tortillahälften wiederholen.

Die Tortillas im vorgeheizten Herd fünf Minuten lang backen. Die Tortillakegel mit Ahornsirup begießen und weitere fünf Minuten oder so lange backen, bis sie goldgelb und knusprig sind. Die Tortillakegel etwas abkühlen lassen, dann die Metallkegel entfernen. Beiseite stellen und vollständig auskühlen lassen, dann als Eistüten verwenden.

Coulis aus gemischten Beeren

Ergibt 300 ml

60 ml **Cassis**
200 g **gemischte Beeren Ihrer Wahl** (Himbeeren, Brombeeren, Heidelbeeren)
200 g **Streuzucker**
200 ml **Wasser**

In einem mittelgroßen Topf den Cassis, die Beeren, den Zucker und das Wasser erhitzen und zum Kochen bringen. Bei reduzierter Wärmezufuhr zehn Minuten lang köcheln lassen. Die Beerenmischung in der Küchenmaschine zu einem Püree verarbeiten. Zum Entfernen kleiner Kerne das Püree durch ein Sieb passieren und anschließend wieder in den Topf schütten. Weitere 10–15 Minuten oder so lange köcheln lassen, bis die Mischung eine dickere Konsistenz aufweist. Auskühlen lassen und über Eiscreme gegossen servieren.

Süße Blätterteig-Körbchen oder -Waffeln

Ergibt 24 kleine/12 große Waffeln oder 6 Körbchen

100 g **ungesalzene Butter**
2 TL **gemahlener Zimt oder Gewürzmischung**
3 EL **Farinzucker**
8 Lagen **Blätterteig**
100 g **gemahlene Mandeln**

Den Herd auf 180 °C vorheizen. Die Butter, den Zimt und den Zucker in einem kleinen Topf schmelzen.

Auf die saubere Arbeitsfläche eine Lage Blätterteig legen und die Teigoberfläche gleichmäßig mit der geschmolzenen Buttermischung bestreichen. Mit einem Achtel der gemahlenen Mandeln bestreuen. Darauf wieder eine Lage Blätterteig legen, diese wieder mit Mandeln bestreuen. Den Arbeitsgang wiederholen, bis Sie am Ende vier Teigschichten haben, mit einer Schicht Mandeln abschließen. Den Stapel in zwölf gleich große Quadrate schneiden, diese auf ein Backblech legen. Oder in sechs größere Quadrate schneiden und über kleine Auflaufformen legen, so dass der Blätterteig beim Backen eine Körbchenform annimmt.

Mit dem Rest Blätterteig, Butter und Mandeln wiederholen. Acht bis zehn Minuten oder so lange backen, bis der Teig goldgelb und knusprig ist. Vor dem Servieren auskühlen lassen.

Zitronen-Haselnuss-Biscotti

Ergibt 24 – 32 Stück

275 g **Weizenmehl**
150 g **Streuzucker**
1 TL **Backpulver**
2 **große Eier und** 1 **Eigelb**
Abgeriebene Schale einer Zitrone
100 g **ganze Haselnüsse,** blanchiert

Den Herd auf 180 °C vorheizen.

Das Mehl, den Zucker und das Backpulver in einer großen Schüssel vermengen. In einer gesonderten Schüssel die Eier, das Eidotter und die Zitronenschale verschlagen, bis die Zutaten gerade vermischt sind. Zu den trockenen Zutaten geben und das Ganze vermischen. Die Haselnüsse hinzufügen und alles mit den Händen gründlich vermengen. Den Teig auf eine saubere Arbeitsfläche legen und einige Minuten lang weiterkneten.

Die Teigmischung vierteln und zu vier Kugeln rollen, diese zu flacher Zigarrenform drücken. Auf einem mit Backpapier ausgelegten Backblech 20 Minuten lang backen. Aus dem Herd nehmen und in je sechs bis acht Scheiben schneiden. Die Biscotti flach auf das Blech legen, wieder in den Herd stellen und weitere zehn Minuten oder so lange backen, bis sie goldgelb sind. Vor dem Servieren auskühlen lassen. Biscotti halten sich in einem luftdicht schließenden Gefäß bis zu einem Monat lang.

Rösche Mandel-Zitronen-Dreiecke

Ergibt 20 Stück

1 EL **Weizenmehl**
1 EL **gemahlene Mandeln**
45 g **Streuzucker**
Abgeriebene Schale einer Zitrone
1 **Eiweiß**, leicht geschlagen
$^{1}/_{2}$ TL **Vanilleextrakt**
2 EL **zerlassene Butter**
30 g **Mandelblättchen**

Den Herd auf 180 °C vorheizen.

Eine 30 x 25 cm große Backform mit Backpapier auslegen. Das Mehl, die gemahlenen Mandeln und den Zucker in eine kleine Schüssel sieben. Die Zitronenschale, das Eiweiß, den Vanilleextrakt und die zerlassene Butter unterrühren. Die Mischung in die vorbereitete Backform füllen und gleichmäßig darin verteilen. Mit den Mandelblättchen bestreuen. 12 – 14 Minuten oder so lange backen, bis sich der Teig bei leichtem Druck fest anfühlt und goldbraun ist.

Aus dem Herd nehmen. Das Backpapier samt Gebäck aus der Form nehmen, auf ein Hackbrett legen und die Teigränder abschneiden. Das Gebäck längs halbieren, dann jede Hälfte in zehn Dreiecke schneiden. Auskühlen lassen und mit Ihrem Lieblingseis servieren.

■ *Abwandlung: Anstelle der Zitronenschale und der gemahlenen Mandeln 1 EL Kakaopulver zugeben und Rösche Schoko-Mandel-Dreiecke backen.*

Über die Autorinnen

Pippa Cuthbert ist Neuseeländerin, lebt und arbeitet aber in London. Sie beschäftigt sich seit ihrer Kindheit leidenschaftlich gern mit Küche und Kochen. Nach ihrem Studium der Ernährungs- und Lebensmittelwissenschaft an der Otago University in Neuseeland und der Arbeit in einer Versuchsküche von Nestlé in Neuseeland beschloss sie, auf ihrer Suche nach neuen, aufregenden kulinarischen Abenteuern die Welt zu bereisen. Jetzt arbeitet Frau Cuthbert in London als Kochbuchautorin und Stylistin an Büchern und für Zeitschriften und ist darüber hinaus in der Werbung tätig.

Seit ihrer ersten Eistüte im zarten Alter von zwei Jahren beschäftigt sich die gebürtige Kanadierin **Lindsay Cameron Wilson** mit Leidenschaft mit dem Thema Küche. Ihre andere Leidenschaft ist das Schreiben, deshalb vermischte sie beides an einer Universität, an der sie Geschichte, Journalismus und Gastronomie studierte. Seitdem arbeitet sie in den Versuchsküchen des *Canadian Living Magazine* in Toronto und des *Sunset Magazine* in San Francisco. 2001 gab sie ihre Tätigkeit als *Food*-Kolumnistin in Halifax (Nova Scotia) auf und zog nach London. Dort traf sie Pippa Cuthbert, und so begann die Arbeit an ihrem ersten Buch *Juice!* (Titel der deutschen Ausgabe: Säfte – Leckere Powerdrinks für jede Tageszeit). Angespornt durch dieses Buch, machten sich beide an den Titel *Ice Cream!* Frau Wilson arbeitet noch immer als *Food*-Journalistin in Kanada, wo sie heute mit ihrem Mann James und ihrem kleinen Sohn Luke lebt.

Register

Nußeis : Vanilleeis + 100 g geröstete Haselnüsse